Ricardo D. Cortez

PRONÚNCIATE

Depósito Legal MO
ISBN 978-980-18-0867-1

Corrección de textos
Textuality C.A.

Diseño gráfico
Grafica22

Abajo cadenas del cordón umbilical
y pronúnciate con tu verdadero **ser y hacer**

En la nueva era, era digital,
podemos *ser un* Social Media Manager
y es nuestro deber
hacer bien el trabajo como Influencers

Introducción

El despertar del ser y el hacer de ti tu propia pronunciación una realidad

Yo, tú, él, ella, nosotros. Tenemos, poseemos, una pronunciación especial en nuestra vida, muchos los descubrimos a temprana edad y otros a una edad más avanzada, mientras que una gran mayoría no llega a saber nunca cúal fue o cúal es su pronunciación especial.

Todos tenemos personalidad propia. Muchos motivados por el ser interno y otros influenciados por la crianza que recibimos en casa y a lo largo de nuestro desarrollo en la sociedad que nos desenvolvemos, pero la real personalidad es la que habita dentro de nuestro ser, la que nos lleva a ser alguien particular, especial, original, único e irrepetible en esta vida o, en su defecto, todo lo contrario.

Cuando descubrimos nuestro verdadero ser, es el que nos hace pronunciarnos ante la vida con lo que realmente queremos hacer. No permitas que tus sueños, metas y objetivos se vean opacos, ocultos a la realidad, a nuestra realidad, por la rutina diaria o por no querer salir de nuestra zona de confort.

Todos tenemos una historia por escribir, la cual inicia cuando decidimos cómo queremos vivir realmente, acto que nos hace pronunciarnos con mayor felicidad en la vida.

Tenemos dos grandes opciones:

1. LAMENTARNOS. Por lo que dejamos de hacer.
2. DISCIPLINARNOS. Para hacer lo que realmente queremos **ser y hacer**.

Solo está dentro de nosotros la decisión y tomar acción para PRONUNCIARNOS, recordando que requiere de esfuerzos y sacrificios para poder llegar a la meta propuesta y poder alcanzar el éxito final.

La vida se nos pasa pensando cómo vamos a sobrevivir a las circunstancias que se nos van presentando día tras día. En su gran mayoría todas terminan con la misma palabra: DINERO, y no es así como debemos vivir los años que nos otorga el creador para estar en este planeta llamado Tierra. Mientras más rápido te pronuncies a la vida, mayores serán tus años de felicidad.

Disfruta el camino y todos los procesos que vas teniendo dentro de él —me dije un día antes de que llegara el día siguiente— porque llegar al objetivo, a la meta final, sería un logro más en nuestra vida, pero el verdadero conocimiento que podemos recibir está en el trayecto recorrido.

Estamos viviendo en una nueva era, la era digital. Al pronunciarnos con nuestro verdadero **ser y hacer** podemos cruzar fronteras, ya que estamos contando con la tecnología misma que nos abre camino en el mundo como *Social Media Manager* o bien sea como *Influencer*. Solo depende de uno mismo querer aprender para emprender nuestro propio camino en las muy activas redes sociales.

Te invito a un nuevo despertar de conciencia con el presente libro y a que aprendas una nueva manera de ver las redes sociales para así pronunciarte con lo que realmente quieres en la vida.

Pronunciarse es encontrar lo que realmente quieres ser y hacer en la vida, es desarrollar lo que realmente te apasiona hacer, y con ese hacer tener un mejor ingreso económico manejando mejor tu tiempo, hoy en día vender se nos hace mucho más fácil ya que contamos con las muy activas redes sociales para llegar a una población más grande.

Como *Social Media Manager* o como *Influencer* debemos buscar o dejar que lleguen a nosotros los ya pronunciados, quienes se encuentran ocupados encargándose de sus propios negocios empresariales sin contar con el tiempo necesario para invertirlo en el manejo de las redes sociales.

A mi corta edad me di cuenta de que las puertas se me abrían solas con el uso de mi habilidad social, manejando un buen lenguaje tanto verbal como corporal, el uso de las normas del buen hablante o emisor: pensar antes de hablar y hablar lo que realmente piensas mirando atentamente a la persona o público presente al que se le va a dirigir el mensaje, siempre manejando un buen tono de voz y usando las palabras correctas; y las normas del buen oyente o receptor: quien o quienes escuchan a la persona que esta hablando.

Expresaremos la mayor pronunciación a través de la imagen que proyectemos con nuestra personalidad seguida de la voz. Es esta personalidad la que llevaremos a las redes sociales y la que será observada y escuchada por el público alcanzado para dejar ver nuestro producto o servicio, o el de alguien más. En el mundo encontramos muchos tipos de personas que poseen grandes habilidades sin saber como pronunciarse ante la sociedad y es ahí donde entra el trabajo de un *Social Media Manager* o del *Influencer*.

Con el ejemplo de 21 años de vida, les dejo saber en el presente libro que no porque nuestros padres sean ganaderos o agricultores nosotros tenemos que terminar siendo un ganadero o un agricultor más. A eso me refiero cuando les digo que cada ser humano cuenta con una pronunciación personal en la vida.

Si ya tienes este libro en tus manos es porque quieres pronunciarte, romper el silencio, salir de la oscuridad y hacerte notar.

Éxitos...

Una nota especial

Saludos a todos aquellos que tienen ganas de encontrarse, **ser y hacer** de su propia pronunciación un negocio mismo que se verá dentro y fuera de su país de origen gracias a la nueva era, la era digital, internet, redes sociales.

Con toda la información obtenida por medio de este libro encontrarás lo que realmente te apasiona, hallando dentro de él herramientas útiles para pronunciarte con tu verdadero ser ante el mundo social y digital, dentro y fuera de tu país, como un profesional y no como un aficionado. Abriéndote a aprender y respetar los diferentes estatus sociales, culturales, políticos, religiosos, nacionales e internacionales, entre otros, con una nueva filosofía de vida diferente a la que traes contigo hasta hoy. Aprenderás a pronunciarte ante el mundo usando la tecnología de la nueva era digital con tu verdadero **ser** (un *Influencer*) o **hacer** (el trabajo de un *Social Media Manager*).

Siempre encontraremos en el camino quienes opinen lo contrario a nuestra pronunciación personal o empresarial, personas que no son capaces de ir detrás de sus sueños, y también quien realmente se quiere pronunciar ante la vida rompiendo el silencio, saliendo de la oscuridad y haciéndose notar sacando el arte que lleva dentro y dejándolo ver ante la sociedad, llevándolo a tal punto que él mismo llegue a lograr un excelente ingreso económico trabajando de la mano con las redes sociales, realizando estrategias de publicidad y organizando citas de negocios, para alcanzar una mayor población, quienes serán los consumidores de tu producto o servicio una vez ya pronunciado.

Es necesario que lleves contigo tus raíces, agradezcas de donde vienes y tengas claro adonde vas, siempre con seguridad en ti mismo, te encuentres dentro o fuera de tu lugar de origen. El respeto a ti y a los demás seres humanos, al de tu país o cualquier otro nunca debe faltar, *recuerda que no conocer las leyes del lugar donde te encuentres, no te librará de ser culpable a la hora de cometer algún error.*

Agradecimientos

Al ser supremo: DIOS.
A todos mis amigos y familiares en general.

A mis padres: Esmeralda Chirinos y Ricardo Cortez.

Dylan Davis, gracias por la paciencia y gran aporte tanto
en lo humano como en lo espiritual.

A mis dos hermanos: Caribel Cortez y Salvador Cortez
y en especial: a todo el que quiera encontrarse a sí mismo
*y pronunciarse en la vida con su verdadero **ser y hacer**.*

Por último, a mi país Venezuela.
Porque Venezuela se pronuncia donde se encuentre un venezolano.

Validar nuestra propia historia de vida
con las experiencias vividas

Cuando nuestra concentración deja de estar en personas, objetos, lugares, y la enfocamos realmente en **ser y hacer** de nosotros una pronunciación personal o empresarial veremos el cambio deseado.

Vengo de una familia "humilde", no la humildad de tener los pies bien puestos sobre la tierra, de andar en la vida sin orgullo o de mantenerse al margen de ostentar o presumiendo de algo, cuando les digo humilde me refiero no a pobreza monetaria, porque teníamos casa propia, siempre vi dinero en mi casa durante mis años de niñez, la despensa y nevera llena de comida, las medicinas que llegamos a necesitar las teníamos siempre a la mano, cada navidad la ropa nueva, los útiles, uniformes escolares, regalos, lo básico que, para ese entonces, era demandado por una familia de clase baja, pero sin escasez para como vivíamos.

Quizás no entiendan la definición de humildad al leer la definición de pobreza o viceversa, pero para llegar al aprendizaje que es, el que quiero que tomen como ejemplo de mi experiencia de vida, deben continuar leyendo y a su vez despertando el **ser y hacer** de ustedes, su propia pronunciación como *Influencer* o como *Social Media Manager*, ya que hoy en día vivimos en la era digital.

Vengo de un pueblo llamado Viento Fresco, esto queda en Caicara de Maturín del Estado Monagas, Venezuela. Por parte de mi padre la familia es numerosa, muchos profesionales y otros, como mi padre, no. El trabajo de mi padre siempre fue la agricultura y la ganadería. Por parte de mi madre también tengo una familia numerosa, algo parecida a la de mi padre, muchos profesionales y mi madre no. Mi madre dedicada a los quehaceres del hogar y junto a mi padre trabajaba la agricultura y la ganadería. Yo con tan solo 13 años de edad, al salir mal en el colegio, mi madre me llevó junto a mi padre a trabajar durante las vacaciones escolares en el terreno donde solían sembrar, eran unas cien hectáreas de tierras que dividían en parcelas para sembrar variedad: maíz, sorgo, frijol, patilla, algodón, entre otros. Fueron días duros para mi, solo era un preadolescente que solía ir los fines de semana a correr por todo el terreno y a jugar a ser grande. Pero enfrentar la realidad de cumplir con las tareas asignadas por mis padres, tratándome como un obrero más, fue duro tanto en lo físico como en lo mental, sentimentalmente me llene de mucha rabia, pero con gran coraje trataba de cumplir el máximo a todo lo que me decían que tenía que hacer.

"Nada fácil enfrentar la vida de un agricultor", pensaba mientras caminaba hilera por hilera en la siembra de maíz con un saco en el hombro, algunos tendrían 15 kilos aproximadamente, para ir colocando puño por puño a cada planta y así abonar las mismas.

Montarme en tractores para ir viendo y avisando mientras la rastra araba el terreno a sembrar, cargar y descargar camiones y, muchas veces, gandolas llenas en su totalidad de sacos que contenían úrea, abono, maíz, cajas llenas de fertilizantes, todo un esfuerzo físico para mí, pero yo veía a mi padre hacerlo y me sorprendía como mi madre también lo hacía, mujeres y hombres haciendo el mismo trabajo, cargando el mismo peso, caminando las mismas distancias y trabajando las mismas horas. Comíamos todos juntos, comida hecha a leña, no había electricidad en el terreno y la casa era un galpón de madera y láminas de zinc, con una que otra lona más, haciendo el papel de una pared. Fueron muchas las noches de fríos y oscuridad las vividas.

Mis padres siempre recordándome: "si no es esta la vida que quieres, debes estudiar". Todo un proceso de meses el trabajo agrícola, preparación de tierra, esperar la fecha exacta para plantar la semilla, dejar que germine, colocarle sus abonos, fumigar, dejar que se desarrolle y cosechar en su momento. Se puede leer muy fácil, pero créanme que es un duro trabajo físico y una gran inversión de tiempo y dinero, ni hablar del alto riesgo de pérdida, bien sea por la falta de algún abono o por no fumigar a tiempo. La lluvia, por exceso o por escasez, juega un papel muy importante en la agricultura. Vale recalcar que no siempre se gana, fueron muchas cosechas perdidas. Pero se contaba con prestamos agrícolas y un gobierno que en esa época deba apoyo a los agricultores para seguir produciendo, y por ende, avanzando.

Mis padres contaban con maquinaras propias y las que no tenían las podían alquilar, tenían varios empleados, a uno de ellos le llamábamos La Máquina, haciéndole honor a lo duro que trabajaba. Era el más fuerte de todos en el grupo, siendo de la misma edad de mis padres, el trato que le daban a él en particular, era el mismo que me daban a mi o a cualquiera de mis dos hermanos.

Yo veía como mi padre solía dejar pacas de dinero en el carro y La Máquina era incapaz de tomar un billete sin pedir permiso o escondido. Inocente, llegué a pensar si mi madre le diría como nos decía a mis hermanos y a mí: *"El que llegue a robar algo, le quemo las manos en la cocina"*.

Una fuerte expresión, que pudo llegar a ser verdad, y de gran ayuda para no cometer ese error.

Muchas experiencias vividas a muy corta edad y llenas de mucho sacrificio físico. Yo era un gordo no muy simpático que digamos, que terminó trabajando para sus padres en la agricultura durante esas vacaciones escolares.

Me sirvió para bajar de peso. A mis 13 años mi talla de pantalón era 38 y mis franelas eran talla M, también me sirvió para fortalecer mi mente y desarrollar una mayor agilidad física. Mis padres, hasta el sol de hoy, no saben la razón por la que salí mal en mis materias ese año. Siempre he sido inteligente, me gustaba ir al colegio, disfrutaba de la formación que teníamos cada mañana para cantar el Himno Nacional de Venezuela, las horas de clase, los tiempos libres entre cada materia, me gustaba aprender todo lo que me enseñaban, menos inglés, por el trauma que me causó el profesor con el verbo *to do* junto con el *to have, to be y will*.

Pero sufría de *bullying* o acoso escolar, algo que no me hacía bien para entrar a cursar algunas materias. Lo que solía hacer era encerrarme en la biblioteca y leer cuentos, libros de diferentes áreas, hasta que llegaba la hora de salida. Mis amigos solían ser mayores que yo, entre ellos la bibliotecaria de colegio, la bedel, la secretaria y una profesora, más que otra.

Nunca me sentí identificado con nada a mi alrededor, mi mente estaba mucho más lejos de lo que vivía día a día en el colegio.

A diferencia de mis padres, yo si sabía porque me estaban llevando a trabajar con ellos, cosa que les agradecí en su momento y les sigo agradeciendo hoy en día, no con palabras, no un simple agradecimiento y ya, hoy soy un ser que honra y respeta a sus padres porque entendí que me dieron lo que ellos tenían para darme en su momento y a su manera. La decisión de avanzar, o de quedarme siendo un agricultor más, solo dependía de mí.

Saber dominar nuestro ser interno nos facilita afrontar con mayor capacidad el mundo externo, para hacer de ti tu propia pronunciación.

Me llegó a gustar más el trabajo de mis padres que el colegio cuando empezaron a pagarme cada semana, tal cual, como a uno más de sus empleados. Llegué a reunir mi propio dinero, el mismo que mis padres me hicieron gastar en ropa y zapatos ya que había bajado de peso y lo necesitaba.

Me dolió gastar todo en menos de un día, cuando me tomó reunirlo muchas semanas de trabajo. Al punto de llorar. No entendía mucho esas cuentas y responsabilidades de los adultos con el dinero.

Pero el punto al que quiero llegar es a la etapa de cosechar, es aquí donde tuve mi primer despertar de conciencia con muy corta edad. En muchas oportunidades se pierde y en muchas se gana, claro está. Fue fácil darme cuenta de que mi familia no era humilde como se solían llamar.

Mi padre se daba el lujo de tomar entre semana y, si le provocaba, los fines de semana también. Gastaba dinero en licor no solo para él, sino que de paso también brindaba; hacía mercados de carnes, parrillas iban y venían. En esa época, gastaba grandes sumas de dinero en comidas y bebidas nada humildes para él. Ostentaba y presumía llamando la atención y dejándole ver a las mujeres lo que tenía y lo que gastaba. Un pobre no se puede dar ese tipo de lujos cada fin de semana al mismo nivel que veía en mi padre.

Cómo puedo llamar pobre o humilde a mi madre, cuando toda su juventud la vi con anillos de oro, cadenas, pulseras. No puedo llamarla ni siquiera bruta, con el perdón de la palabra, ya que sabe leer y escribir con la letra más hermosa que he visto hasta hoy. Sabe sumar, restar y multiplicar. En eso de las cuentas matemáticas era una experta, ya que multiplicaba el dinero con diferentes fuentes de ingresos, viajaba a diferentes estados dentro del país a comprar ropa para revenderla, viajaba a comprar oro y hacía rifas del mismo creando varios talonarios para darle la oportunidad a otras personas de que ganaran dinero también, recibía créditos bancarios, tanto públicos como privados, para invertir en la agricultura y la ganadería. Esto quiere decir que tenía poder adquisitivo y suficiente conocimientos para multiplicar el dinero.

Según mi concepto de humildad y pobreza que ya leyeron, ni eran humildes, ni eran pobres, pero seguíamos viviendo igual.

En este punto de la lectura se podrán estar preguntando: ¿Cuál es el problema si tenían ese estilo de vida laboral, si multiplicaban el dinero, y si creaban múltiples fuentes de ingresos?

Les puedo responder que las mismas oportunidades dejan de llegar, que la juventud pasa, que los hijos al crecer demandamos más gastos, que no se plantearon una inversión fija, que no se preocuparon por tener una mayor comodidad en lo personal y en lo laboral en las múltiples oportunidades que, año tras año, recibieron prestamos del gobierno o bancarios, confiándose sólo en eso. No se preocuparon en aprender para emprender con visión de futuro y para poder decir "si perdemos esta cosecha resolvemos con esta otra inversión".

Mi padre seguía derrochando año tras año y mi madre le acompañaba a trabajar, más no en sus múltiples salidas de derroche. Ella mantenía el hogar con cuanta venta hacía. No les puedo decir una cifra exacta de los paños artesanales que llegó a tejer con hilo, juegos de baños con telas de diversos colores y figuras, cojines decorativos, las rifas, cortinas de ventanas y todo a lo que podía sacarle provecho.

Mujer que no le exije a su hombre, hombre que no progresa. Para formar una pareja se necesitan dos y la mitad de 100 son 50.

Mis padres eran muy trabajadores en lo que conocían, agricultura y ganadería, sin flojera, y motivaban a sus empleados y amigos a sembrar, se ayudaban entre si con los insumos, como socios o simplemente prestamos de amigos. Cada espacio que tenían libre en el terreno lo llenaban con cualquier semilla para tener variedad a la hora de cosechar, el dinero no les llegaba de una sola inversión sino de varias inversiones hechas dentro de la misma tierra y con las mismas maquinarias, ya que alquilaban las pocas que tenían una vez que las desocupaban en las 100 hectáreas de tierra, las mismas que años más tarde me enteré que no eran propias.

¿Se puede llamar humilde? ¿Se puede llamar pobre a una familia que tenía maquinarias para trabajar la agricultura? Tractor, rastra, abonadora, asperjadora, trompo, hasta una cosechadora llegaron a tener en su poder, todo eso en el fondo de la casa llegue a ver yo. Con decirles que mis padres pudieron comprar dos carros con tan solo una cosecha, bajo la condición de crédito bancario, pero dando dos buenas iniciales.

¿Como se puede llamar entonces? ¿En que estatus pudieron haber estado si hubieran visto un poco más lejos y aprovechado sus múltiples oportunidades? Estamos hablando de mi vivencia, de lo que yo vi y cómo lo viví siendo un preadolescente en el año de 1999.

Yo lo llamo hoy en dia a mi corta edad y con mi experiencia vivida: FALTA DE AUTOEDUCACION FINANCIERA, esto es algo que nos marca la diferencia a los seres humanos. Es por esa razón que mientras más leo más aprendo y mientras más aprendo más oportunidades tengo de emprender.

Una niñez diferente, una adolescencia limitada al 100% del internet y de como se desarrollan hoy en día los niños de esta nueva era digital, pero con una enorme gana de ser protagonista de mi propia historia.

Adapté muchas conductas de mis padres, unas positivas y otras negativas, que al pasar el tiempo fui modificando según mi parecer, pero siempre sentía esa curiosidad de lo que solía ver cuando salía más allá del pueblo donde vivía.

Las cosechas de mis padres me hicieron entender que el problema no es el dinero, que no era trabajar duro durante meses y gastar todo en un solo mes, como me pasó a mi con mi primera compra al gastar mi propio dinero, las cosechas de mis padres me sembraron las ganas de ver la vida más allá de lo que ellos estaban viviendo y como lo estaban viviendo. Porque así como manejaban mucho dinero podían estar sin nada por muchos meses también, incluso conservando las mismas maquinas paradas en el fondo de la casa.

A mis padres les faltó la herramienta con la que todos contamos hoy en día:

"INTERNET", plataforma digital, redes sociales, un buen *Social Media Manager* o un *Influencer*. Para autoeducarse y aprovechar sus múltiples oportunidades recibidas. Aprender es igual que emprender.

Por eso nace este libro para darte las herramientas necesarias, para que encuentres en él las ganas de despertar, como se titula mi primer libro: **Ser y hacer de ti tu propia pronunciación**.

En las redes sociales pasa igual que en el trabajo agrícola, debemos sembrar para poder cosechar, la diferencia es que en las redes se siembra confianza y credibilidad en el tema que se vaya a trabajar, trabajo que toma tiempo y esfuerzo, el cual se debe abonar día a día hasta llevarlo a un máximo potencial.

Siendo yo de un pueblo que hasta el chisme llegaba tarde, y ver como hoy en día en el mismo pueblo tienen la misma oportunidad de acceder a las redes sociales, a Google que lo responde todo, a YouTube que te enseña desde como ensartar una aguja hasta como resolver un problema matemático y mucho más, que aún sigan perdiendo años valiosos de vida, y junto a ellos talentos que pueden llegar hasta exportar. Esto para mi no es más que la falta de motivación y autoeducación, la cual pueden obtener en la plataforma digital.

Amigos, tenemos una gran herramienta digital para pronunciarnos, romper el silencio, salir de la oscuridad y hacernos notar. Podemos romper fronteras, aprendamos a darle mejor uso al internet y AUTO-EDUCARNOS, vamos a presumir menos por las redes sociales y mostrar más nuestro verdadero talento.

¿Que a tu edad no sabes aún cuál es tu talento, qué es lo que quieres **ser y hacer**? Sigue avanzando en la lectura de este libro que poco a poco vamos a ir despertado ese talento que tienes dentro de ti. Somos únicos e irrepetibles, comienza por creer más en ti, amarte, respetarte, ser agradecido y no creas en todas las opiniones emitidas por los demás, más que en la tuya personal, en esa que está bien adentro de ti, no en lo superficial porque tú, yo, él, ella, nosotros, somos valiosos por el simple hecho de estar presentes en este planeta llamado Tierra. Solo depende de ti pronunciarte con tu verdadero **ser y hacer**.

Recuerdo que luego de ese trabajo duro en mis vacaciones, al regresar a clases, un compañero del salón me lanzó una lata llena de arena. Con mucha rabia salí llorando del salón a presentar mi queja ante un profesor, siendo él del mismo pueblo y estando su hijo dentro del mismo grupo de mala conducta del colegio.

¿Qué podía esperar yo?

Primero, se rió de la situación, para él era un chiste o broma de niños. Al ver mi furia y junto a ella mis lágrimas, empezó a tomar mi queja en serio, pero ya para ese momento dejó de interesarme plantear algo más con él, salí de dicha institución con dirección a casa de mis padres. Al llegar, sin decirle nada a mi madre de lo sucedido, le dejé saber que yo no volvería a ese colegio. Esa fue mi gran toma de decisión, mi primera toma de decisión en la vida que mantuve e hice realidad.

Mi madre, preocupada, empezó a pelear conmigo dejándome saber que las cosas no eran así. Si iba a dejar de estudiar, que ya yo sabía lo que era trabajar duro, "me encuentro dispuesto" fue mi respuesta. Cuando se dio cuenta de que eso que me decía no la ayudaba a cambiar mi forma de pensar, dejó de hablar. Al día siguiente fui al colegio por mis papeles con tan solo 14 años y sin un representante que me acompañara, yo mismo retiré mis certificados de notas abandonando por completo dicha institución, me sentía feliz camino a casa por lo que logré hacer, salir del colegio con todo y papeles, felicidad que se terminó justo al llegar a casa y enfrentarme con la correa de mi padre en manos de mi madre.

Pasado ese breve encuentro pensé, "sorpresa la de mi madre, ver a su hijo con papeles en manos, para actuar de esa forma", pero mi grado de felicidad era mayor al verme fuera de aquel colegio al cual le tomé mucha rabia, por cierto.

Meses más tarde me di cuenta de que no era el colegio el problema, sino los compañeros de clase y muchos de los profesores con su falta de profesionalismo.

Muchas veces juzgamos a instituciones, organizaciones, empresas tanto públicas como privadas o hasta un país entero, sin darnos cuenta de que el daño lo están cometiendo una o un grupo de personas.

No tenía un concepto claro de lo que era ser feliz o de lo que realmente quería, solo sabía que quería salir de donde me encontraba y así lo hice siendo menor de edad y por encima del permiso o consentimiento de mis representantes.

En el camino que tomemos a recorrer debemos irnos dando la automotivación, celebrando y agradeciendo los logros o pasos dados. No esperes llegar al logro final para permitir celebrar tu objetivo final, porque en realidad no sabemos cual el es final del camino. Una cosa te lleva a otra y esa otra te lleva a otras más.

Fue así como, con tan solo 14 años, salí del pueblo, aunque no muy lejos de él. Salía cada día solo a estudiar ya que seguía viviendo en la casa de mis padres, pero para mí ya era un paso adelante. Me gustaba el dinero y empecé a ganarlo, limpiándole la casa a una tía, pintándole la casa a otra, trabajando de vez en cuando con mis padres, mi peor experiencia fue con un tío, trabajando la soldadura y recibiendo esos golpes eléctricos que para él no eran nada. Pero yo no opinaba igual que él, terminé agarrando mucha rabia, pero tiempo más tarde aprendí que tenía que pasar por esa otra experiencia para ir decidiendo qué camino tomar en lo laboral.

Tenemos que permitirnos probar, experimentar, conocer y aprender de toda oportunidad que se nos vaya presentando en nuestro camino, porque solo así vamos a dar con lo que realmente nos gustaría **ser y hacer**.

Fueron múltiples las formas de hacer dinero que llegué a tener sin ser empleos, para un adolescente que tenía que estar estudiando nada más, ya que contaba con la ayuda de sus padres, la colaboración de sus tías y una gran mesada de su abuela materna. Fue así como fui descubriendo lo que me gustaba y lo que no, lo que podía llegar a hacer y lo que no, la satisfacción de hacer mi propio dinero y disponer del mismo sin esperar por mis padres.

Hay que probar, hay que pasar por diferentes áreas del ser y del hacer para seguir avanzando, si no te gusta lo que haces sigue caminando y probando en otro lado, mi consejo con este punto es que tengas contigo siempre papel y lápiz. Escribir. Escribe siempre sobre tus experiencias en lo personal y laboral para que luego analices, ya que descubrir nuestro talento no es tan fácil que digamos.

*Descubre más de ti y de lo que quieres **ser y hacer** para poder pronunciarte, que por muy largo que veas el camino no lo notarás si lo transcurres con amor y agradecimiento.*

Preocúpate por saber más de ti que de tu vecino y avanza paso a paso, que correr te hace perder conocimientos y fuerzas. Mismos que necesitaras al saber que camino tomarás.

1. Crea una lista de todas las cosas que te gusten, que sepas hacer y las que quieres aprender, para que puedas decidirte claramente.

2. Identifícate con lo que realmente eres bueno, eso que haces y eres halagado por lo bien que te queda.

3. Cuáles son tus habilidades, destrezas, dónde te destacas más que los demás.

4. Cuál es ese algo en lo que sin darte cuenta, pasas más tiempo y te hace feliz, que no sea durmiendo por favor.

5. Evalúate cada vez que estés desempeñando una labor y escribe siempre cómo podrías aprender más sobre lo que estás haciendo para llegar a tener un alto rendimiento.

6. Trabaja más en fortalecer lo humano y espiritual.

7. Hacer las cosas diferente a la rutina que puedas estar llevando, te obligará a salir de la zona de confort y aprender más.

8. Al tener identificado lo que te gusta, desarróllalo al punto de que sea una destreza natural, algo que te haga especial, que te lleve a ganar el tiempo y el dinero que deseas alcanzar con libertad.

9. Que tu disciplina sea del tamaño de tus sueños, metas y objetivos.

10. Organiza bien tu tiempo, recuerda que solo eso es lo que tenemos en la vida, con un costo que no podemos cubrir para recuperarlo.

11. Toma tiempo en tu día para leer, aprender más de redes sociales y ventas por internet, estamos en una era digital.

12. Autoedúcate en finanzas.

13. Esfuérzate y sé valiente en aprender, más cuando identifiques tu **ser y hacer**. Eres más grande de lo que pareces, yo se que sí.

14. Cuidar de tu salud es comer sano y hacer algún deporte. Contamos con un solo cuerpo para tener la experiencia llamada vida.

15. Cambia tú y no pierdas esfuerzo ni tiempo en querer cambiar el entorno en el que vives.

16. Ten fe en ti y en ese mundo espiritual con el que te identifiques y sé agradecido.

17. Sé valiente.

18. Sé audaz.

19. Sé fuerte para dar los primeros pasos, mantenerlos sin abandonarlos y, a la vez, ten humildad.

20. Ten enfoque.

21. Ten automotivación personal y empresarial.

22. Respeta las leyes de tu país.

Saber qué quieres es lo más importante que debes tener claro en la vida, trabajar en su búsqueda y dejar que el camino a ello te diga cómo lo obtendrás.

Primero aprende y luego emprende, primero aprende más de ti, de tus gustos, fortalezas y debilidades, de cuáles son tus límites sin importar la edad para pronunciarte con lo que realmente quieres **ser y hacer** para luego promover tu pronunciación.

Emprender tu camino en las redes sociales, **ser y hacer** de ti un *Influencer* o un *Social Media Manager*.

Al ya saber cuál es tu pronunciación, ese algo que quieres desarrollar en ti y darlo a conocer, la mejor forma es que empieces a usar el internet. Como bien sabemos estamos viviendo en una nueva era, la era digital.

Manejar tu producto o servicio por las redes sociales es atraer prospectos para incrementar las ventas de tu pronunciación en cualquier rama que te pronuncies, por ejemplo: empresarios, abogados, hoteles, restaurantes, comida rápida, tiendas de ropa, *Infuencer*, *Social Media Manager*, editor, corrector de textos, etc. Dejar crecer y fluir tus ventas por internet te hará llegar mucho más lejos de lo que tú puedas pensar y, a su vez, te darás a conocer para ir creando confianza y credibilidad en el público alcanzado. ¿Quién eres, de dónde vienes, a dónde quieres llegar? Respuestas que debes tener y recordarlas día a día para que sean tu combustible y no distraigas tu enfoque.

1. Toma tiempo y dedícate a aprender sobre las redes sociales y ventas por internet, ya que manejar tu propia publicidad en las redes sociales de tu propio negocio, producto o servicio será el paso que te llevará a crecer hoy en día.

2. Crea y mantén constancia en los mismos contenidos que deben de ser de calidad para pronunciarte en las redes, promocionando tu producto o servicio. Para mayores ventas necesitas un tráfico mayor de personas y hoy en día es mucho más fácil ya que contamos con la INTERNET.

Como te digo en mi primer libro, todos tenemos los mismos derechos de tiempo, la edad no es problema, no es cuestión de suerte que algunos tengan éxito y otros no, sino de disciplina y del buen uso del tiempo ya que todos los seres humanos compartimos los 60 segundos de cada minuto.

Los 60 minutos de cada hora

Las 24 horas de cada día

Los 7 días de cada semana

Las 4 semana de cada mes

Los 12 meses de cada año.

Solo depende de ti aprovechar de forma positiva y saber valorar tu tiempo.

Saber manejar un buen calendario es tener claro los pasos a dar día a día, razón por la que debes organizar tu semana y tus horas para obtener un mayor rendimiento en tus tareas diarias personales y profesionales.

Yo aún me encontraba viviendo fuera de la era digital

Al poco tiempo que salí del colegio público, entré en un parasistema fundado por un familiar de mi madre para culminar el bachillerato, cosa que le agradecí mucho al director, quien me abrió las puertas rompiendo las reglas para dejarme entrar, sin tener la edad exigida para estudiar en dicha institución. Estaba feliz de ver a todos mis compañeros, eran mayores de edad y eso me gustaba, pero todo no fue color de rosas. A una profesora en particular le molestó verme dentro de su salón de clase, llegué a pensar que sería por la diferencia de edad, pero el problema no fue la edad, fue causado por la bedel del mismo instituto, que venía del mismo pueblo que yo y que muchas veces compartimos el mismo carrito por puesto para trasladarnos, ya que vivía a pocas casas de la de mis padres. Yo podía sentir la fuerte rabia que le causaba a ella, tan solo con verme, podía sentir su mala vibra. Y pensé "Salí del *bullying* del colegio público para entrar en los chismes de bedel y profesoras en el colegio privado". Que feo es lidiar con cosas negativas y de paso por errores de otros o simplemente de gratis. La profesora no me dejó aprobar la materia que veía con ella en ese lapso, pero la ventaja que tenía la institución era la de ver intensivos con diferentes profesores. Al terminar ese periodo de clases inscribí mi primer intensivo con temor a perder vacaciones, tiempo y dinero, ya que todos los comentarios que había escuchado eran negativos, lleno de temor me arriesgué, lo que para otros fue una mala experiencia para mí fue la mejor, una porque ya traía el conocimiento de lo que vería y, la otra, que seguía saliendo del pueblo donde ya no quería estar.

En la escuela pública luché con problemas de niños y en la privada con problemas de adultos, pero esta vez no podía salir más que graduado, aparte, que me sentía cómodo compartiendo con el director y sus hijos que formaban parte del grupo de profesores, con mis compañeros que eran de mayor edad y los temas de conversación eran diferentes a los que solía tener con los niños de mi anterior colegio. Mi enfoque fue graduarme sin problemas, y así lo hice dejando buenas relaciones con la mayoría de los profesores; eso de hacer amigos se me daba muy bien mientras que fuesen mayores que yo, pero también me encontraba con facilidad personas a las cuales le caí mal quizás por mi forma de ser, llegué a pensar.

Identifiqué eso de hacer amigos con gente mayor como un don y me gustaba, lo fui practicando a medida que iba saliendo de casa de mis padres y más allá del colegio, deseando tener amigos diferentes a aquellos que solía ver alrededor de mis padres.

Relacionarse

Siempre será la mejor opción que podremos tener. Relaciónate, crea listas de contactos (conocidos, amigos y familiares) las cuales te permitan recibir ayuda u ofertar algún producto o servicio que ya tengas creado e irte expandiendo, es muy importante que sepas si tu pronunciación, ese algo que te gusta y quieres explotar de ti, va a ser vendido puerta a puerta, a través de un local comercial o por internet. Para que tomes esa decisión solo quiero que veas como ejemplo a Amazon. La última opción siempre debe de ser la primera.

Una vez que tengas identificado tu **ser y hacer** pronúnciate con él, atrévete a expandirlo, a sacarlo a la luz por las diferentes plataformas digitales para que llegues a una población más grande de la que tengas en ese momento.

Siempre iniciamos con ese grupo de personas que tenemos más cerca, evalúa el impacto causado con tu producto o servicio en ellos para que luego des el paso mayor.

Por ejemplo, la publicidad que puede darle el dueño a su bar cada día por redes sociales, llámese Instagram o Facebook o cualquier otra, le ayudará a promover la imagen del mismo, atraer clientes nuevos y de esta forma aumentar sus ventas.

Hoy en día consumimos más con las referencias de las redes sociales que con las opiniones de amigos o familiares.

Crear

Crear tu propia página web te permitirá colocar texto, audios, videos, enlaces, imágenes y muchas más cosas incluyendo información personal o empresarial por la cual vas a facturar, siempre enfocado y relacionado con tu **ser y hacer**, creando y dejando ver tu contenido bien estructurado para difundir en la misma.

Crea y maneja como profesional y no como aficionado los medios de comunicación. Twitter, Facebook, Instagram, y puedes llegar a abrir hasta tu propio canal de YouTube, son los más activos en este momento dejando a un lado los periódicos y los noticieros de la televisión que yo solía leer, ver y escuchar en el año 2000.

Redes sociales, nueva era, nuevos medios para llegar más lejos en tiempo real.

Identificar

Al identificarte con alguno de estos medios y el que te fluya de forma más activa, empieza a publicar contenido relacionado con tu **ser y hacer**, para crear esa credibilidad en el público alcanzado. No todos encajarán con tu producto o servicio, pero enfoca tu máximo potencial para crear contenidos que puedas publicar de forma activa y diaria para promoverte.

"Yo me siento mejor identificado con Instagram". Red social, aplicación gratis para los dispositivos Android y iOS, permitiendo a sus usuarios subir fotos y videos, evolucionando como aplicación por su alta demanda. Hoy en día nos ofrece seguir posteando fotos y videos a los cuales le podemos aplicar efectos como filtros, marcos, similitudes térmicas, colores retro, colocar la ubicación geográfica acompañado del texto que le queramos colocar como descripción al post, teniendo enlaces a su vez, para publicar el mismo contenido con Facebook, Tumblr y Twitter, a su vez nos deja ver la estadística, visita de perfil, alcance de lo publicado.

Crear una cuenta en Instagram es muy fácil:

1. Descarga la aplicación

2. Al tener la aplicación en tu dispositivo móvil (Iphone o Android) toca para abrirla, debes contar con un correo electrónico o número de teléfono, a través de aquel que decidas usar te llegará un código de confirmación para poder seguir con el registro de este (puedes registrarte también iniciando sesión con tu cuenta de Facebook). Teniendo ya tu nombre de usuario y la contraseña puedes hacer uso de dicha aplicación.

3. Puedes dejar tu usuario de forma 1) pública o 2) privada. En la segunda opción solo las personas que te sigan podrán ver tus publicaciones y comentarios.

La aplicación se encarga de guardar la información que generes, fotografía de perfil, nombre completo, correo electrónico, número de teléfono y clave. Dejando ver tu nombre de usuario en la biografía, misma que es muy importante saber llenar o escribir, ella deja ver quién eres, qué haces, dónde te encuentras, compartir historias destacadas, *emojis*, nombres de otros usuarios y *hashtags*. Puedes compartir algún enlace personal o empresarial, este es como tu curriculum de presentación ante la población activa de Instagram. Ya al estar en este punto estas listo para iniciar el uso de tu cuenta en dicha aplicación.

Ofreciéndonos la oportunidad de hacer videos en vivo (*live*) donde los seguidores pueden ver en tiempo real dicha transmisión. Dentro del mismo encontramos variedades de filtros y emoticonos o *emojis* representando la cara humana y su estado emocional, contando hoy en día con múltiples emoticonos que nos dejan ver diversos significados, también puedes invitar a un amigo unirse a tu cuenta en vivo (*live*) y así vivir una experiencia mayor. Mientras la transmisión este activa se pueden ir dejando mensajes e interactuando con el público alcanzado, dejando tu mensaje a trasmitir y recibiendo los corazones como gratitud.

Una excelente bandeja de mensaje que nos permite comunicarnos de forma privada con los demás usuarios y hacer video llamadas.

La aplicación cuenta con unas herramientas dentro de ella permitiéndonos administrar la misma de una forma más profesional o simplemente personal. Entrando a configuración podemos convertir nuestra cuenta personal a una cuenta de empresa.

Los pasos para activar tu perfil de negocio son:

1. Entrar a la cuenta que deseas cambiar de persona a negocio.

2. Ubícate en la zona de configuración.

3. Selecciona donde dice cuenta, y seguido, pulsa cambiar a perfil de empresa.

4. Tienes que generar información básica de tu empresa: email corporativo, teléfono y dirección, datos imprescindibles que puedes editar y hasta eliminar en cualquier momento.

5. Luego de esto la aplicación te pedirá ser sincronizada con Facebook fans. Esta, a diferencia de un perfil personal, te permite llegar o personas con un mismo interés más allá de tus seguidores. Lo que antes pagábamos para una publicidad en televisión, radio y periódico ahora lo puedes manejar por Fanpage de Facebook teniendo una gran población de personas activas y mayor amplitud geográfica lo que nos permitirá consolidar futuros clientes potenciales a nivel nacional o internacional para nuestro producto o servicio.

Facebook: fue creada por un joven con tan solo 19 años, entrando al mercado en febrero del 2004.

Instagram: aplicación lanzada en octubre del 2010.

Ser un *Social Media Manager*

Es tener la oportunidad de manejar cuentas en las redes, para llegar a una población más grande y aumentar las ventas, (Sitio Web, Blog, Facebook, Instagram, YouTube, Pinterest, LinkedIn, Twitter, Tumblr) son las más activas en la red y con las que te sentirás más cómodo para trabajar. Solo debes de ser un buen líder y estratega a la hora de diseñar la presencia del negocio en las redes sociales.

1. Crear la presentación de tu producto o servicio o el de alguien más.

2. Estrategias promocionales con un buen contenido.

3. Publicar contenidos de calidad (fotografías y trabajos audio visuales).

4. Texto haciendo referencia del contenido (producto o servicio)

5. Atender a los seguidores (Servicio al cliente)

6. Prestar un buen servicio que satisfaga a tu cliente y los clientes de tu cliente

Gestionar y dotar a los medios sociales de contenido digital con diferentes campañas de forma profesional para una persona u empresa.

Aún yo me encontraba en el año 2000

Apenas en el año 2002-2003 me encontraba dando un paso adelante. Me fui a vivir con una tía en la ciudad para así seguir estudiando. Primero, hice un curso de Instrumentos Neumáticos de Control, en una institución llamada INCE, a la cual logré entrar luego de múltiples visitas, hablar con muchos profesores, anotarme en largas listas de espera, ofrecer uno que otro regalo, llenar planillas y presentar pruebas, logrando entrar luego de mucha insistencia. Toda una experiencia ir cuatro días a la semana, conocer y hacer nuevos amigos, desarrollar nuevos conocimientos en una área totalmente desconocida para mí. Cuando ya tenía un año de curso, al graduarme tuve la oportunidad de entrar a una empresa subcontratada por la principal industria petrolera de Venezuela, PDVSA, volviendo a vivir en la casa de mis padres. Empecé mis seis meses de pasantía la cual me pagaban mes a mes, el último recibí una oferta muy tentadora para mí, querían dejarme trabajado para ellos ya que fui bueno como instrumentista, aprendí muy rápido a manejar los manómetros y válvulas de alta presión dentro de la industria petrolera, siempre con voluntad para trabajar lo que me ordenaran mis supervisores.

Interviniendo mis padres en la decisión, ya que seguía siendo menor de edad, me dejaron saber que debía seguir estudiando. Veía irse volando mis ganas de salir a trabajar en otro estado con dicha compañía y seguir haciendo mi propio dinero.

Tomar decisiones hoy en día es mucho más fácil de lo que yo podía estar tomando en el pasado para seguir avanzando y para tener una preparación académica.

El avance tecnológico y digital ha transformado nuestra sociedad en todos sus sectores, incluyendo la educación. Internet, computadoras, teléfonos inteligentes, maquinarias pequeñas, medianas e industriales, sin ser una opción la que tenemos, sino una obligación el estar cada vez más informado con las nuevas ventajas y herramientas que nos ofrece el mundo digital, cambios que se ven en lo social, económico y cultural, entre otros.

Esto quiere decir que autoeducarnos en lo que queremos explotar de nosotros mismos está a nuestro alcance hoy más que ayer.

Tanto ustedes como yo sabemos que existe la clase baja, media y alta en la sociedad. Pero a esos tres niveles les toca ir aprendiendo y avanzando de igual manera, unos de forma más rápida y otros más lentos. Cada vez escucho hablar de personas pudientes, de cómo sus hijos no saben lo que quieren ser y hacer en la vida, teniendo múltiples maneras de estudiar, de obtener un título, bien sea de algún curso o carrera universitaria a la mano, como también están los que les sacan el máximo provecho a sus padres. Contando de igual manera con lo último en tecnología para acceder al internet.

También me llena de orgullo ver cada día que son más aquellos de bajos recursos que desean explotar sus talentos con las pocas herramientas que tienen a su alcance, pronunciándose con las muy activas redes sociales, conectados a la plataforma digital.

Aprender y emprender. Todo está en descubrir lo que realmente te apasiona en la vida e irte preparando cada día más y autoeducándote, hasta que llegues al punto de emprender tu propio camino.

Crear contenido positivo para estos tres niveles de la sociedad, siempre será la mejor opción, ya que así como estamos viviendo la nueva era digital, también vendrá la nueva generación a ver los aportes negativos y positivos con un fácil acceso.

1. Toma de decisión.

2. Comprometerte contigo mismo.

3. Planificación y acción.

4. Leer, nutrir tus conocimientos cada día.

5. Visualizar dónde quieres llegar.

6. Agradece antes, durante y después.

7. Ser positivo y afrontar las caídas.

8. Todas estas opciones tienen que ser parte de tu pronunciación en la plataforma digital .

No confundas palabras positivas con la toma de decisiones y las acciones que realmente debes tener en tu camino, estás trabajando y autoeducándote para hacer algo diferente en la vida, estás comprometido contigo mismo más que con la sociedad que te rodea. Que no exista un me gustaría, sino un VOY POR LO QUE ME GUSTA. Con enfoque siempre se logran las cosas por las que vamos.

En mi primer libro **Ser y hacer de ti tu propia pronunciación** te dejo saber que tener fe en uno mismo es muy importante, pero si estás esperando los resultados de tu fe sentado en los laureles, seguirás perdiendo años valiosos de vida. La fe en uno mismo es el verdadero poder que nos conduce al crecimiento y la evolución, tomando las acciones y decisiones de pronunciarnos e ir de la mano con las muy activas redes sociales o pagina web que ya tengamos trabajando.

Aprender y emprender para estar pronunciado en la vida como profesional y no como aficionado.

El límite solo está en ti, dentro de ti. La meta es llegar a ser tu propio *Social Media Manager* profesional de tu marca, producto o servicio, o prestar tu servicio para cualquier otra marca personal o empresarial.

Todos somos *Influencer*

El simple hecho de estar en las redes sociales e influenciar a una o más personas en alguna toma de decisión, es causar una influencia. Unos están en baja, encontramos a otros en media escala, y los más profesionales en una escala mucho mayor.

No solo depende de los grandes bloggers que generan contenido a diario, o de ese jugador de futbol que factura altas suma de dinero, de un famoso hablando de un producto o servicio, de ese político que da su discurso haciendo un llamado a favor, o de esa mujer emprendedora y madre a la vez que deja ver su día a día. Así, en cada una de las áreas en la que te desenvuelvas y lo dejes ver como contenido en tu cuenta personal o de empresa de las muy activas redes sociales.

Sí nos damos cuenta, las redes sociales están dominando nuestra actualidad y saberlas manejar es lo que marca la diferencia.

1. Al estar pronunciados con nuestro **ser y hacer** debemos ser transparentes con nuestro contenido.

2. Manejar un buen lenguaje corporal para nuestros videos.

3. Alta calidad para las fotografías.

4. El texto descriptivo que hace referencia al *post* debe estar de forma abierta y no cerrada, para que así los seguidores se animen a interactuar con el contenido de la imagen o de lo escrito.

5. Tener siempre actividad en las historias para tener tus seguidores atentos de cada paso a dar y contenido a publicar.

6. Estar comprometidos con la verdad.

7. Crear tu propia estrategia para presentar tu producto o servicio o de aquel que quieras promover.

La manera de ir creciendo, y causar un mayor impacto e influencia, es definiendo a que público quieres llegar y hacer llegar tu pronunciación, educándolos y acostumbrándolos a tus contenidos con una buena interacción y que sean ellos los voceros de tu producto o servicio, consolidar a tus primeros seguidores antes de buscar expansión. No hay un camino fácil y rápido, la mayor satisfacción es la referencia positiva que dará el consumidor final. Crear contenido de calidad para ir publicando de forma diaria como profesionales y no como aficionados.

En la vida no existe "la vida fácil", ni mucho menos un camino rápido al éxito sin que tenga un efecto negativo a corto o mediano plazo consecuencia de elegir la ruta más rápida. Es mejor recorrer el camino e ir aprendiendo de él así nos tome mucho tiempo llegar al objetivo final. Solo la práctica y la disciplina nos llevan a dominar "nuestra pronunciación".

Seguía avanzando en el año 2003

Mi primera experiencia con una computadora fue luego de haber terminado las pasantías. Mis padres me inscribieron en un curso técnico en computación junto a mi hermana mayor. Fue en esa etapa de mi vida cuando inicio mi amistad con ella. Inicialmente, sin darle mucha importancia y causándome mucho estrés el proceso de aprendizaje, a diferencia de mi hermana que se dedicó a sacar el máximo provecho a cada información recibida en dicho curso, con gran destreza en el teclado mientras yo seguía escribiendo con un solo dedo de mi mano derecha, que iba yo a imaginar que necesitaría ese conocimiento poco tiempo después.

Mientas seguía estudiando, una tía me invito a pasar unas vacaciones en su casa y junto a ella ir a un plan vacacional de Empresas Polar donde desempeñaba el cargo de directora de dichos planes, allí compartí en cada una de las áreas que tenían: juegos de beisbol, juegos recreativos, arte, música y más, sin hacer amigos de mi misma edad y siempre buscando estar con los grandes. Mi primera experiencia con la Malta Polar, una bebida no alcohólica de dicha empresa, fue ese diciembre. Fueron muchas las que llegue a tomar tanto en la sede del plan vacacional como en la casa de tía. Ver la disciplina de trabajo de cada profesor en su área, desempeñándola con aquella pasión y una cara llena de felicidad en todo momento. Yo podía sentarme a ver y escuchar toda la clase del coro. No sabía para que los estaban preparando en ese momento, pero la profesora era muy insistente con cada pieza musical, *Noche de paz* y *Burrito sabanero*, entre otras. Semanas más tarde tía me dejaría saber que viajaría con ella y el coro.

Mi primera experiencia en:

1. Viajar en avión.

2. Ir a Caracas, capital de Venezuela.

3. Compartir con un grupo de personas, hombres, mujeres y niños, de otro nivel social y cultural.

4. Quedarme en un hotel fino con una excelente vista. Pregunté por la cruz que vi la primera noche encendida en lo alto de una

montaña y me dejaron saber que es la Cruz del Ávila, respuesta que tomo valor en mi, años más tarde.

5. Visitar las instalaciones de la sede principal de Empresas Polar

6. Ver y vivir la experiencia de escuchar a mas de 12 coros de diferentes estados de Venezuela cantar para el presidente de dicha empresa y su familia.

Experiencias que marcaron un antes y un después en mí, el querer conocer los demás estados de Venezuela, querer estar en actividades recreativas y compartir con personas de diferente clase social, experimentar cosas nuevas que no se veían, ni se ven hoy en día, en el pueblo que me vio nacer.

Población que no exige pueblo que no progresa.

Esa fue la segunda experiencia que me despertó las ganas de viajar y conocer por mis propios medios, ya que la primera fue cuando tenía unos cinco años menos. Mis padres nos ofrecieron unas vacaciones a mí y a mis hermanos a la Isla de Margarita, haciéndonos soñar con tan esperado viaje. Ellos planificaron todo con miras a que ese año tendrían una excelente cosecha. Un día antes del viaje, a la media noche, llegaron a la casa unos familiares de mi padre, tocando la puerta con fuertes gritos y a su vez llorando. Mi padre y mi madre salieron a hablar con ellos sin permitirme salir ya que no sabían lo que estaba pasando. Me quedé parado en la ventana y logré escuchar que una hermana de mi padre había tenido un fuerte accidente en su carro a su regreso de un viaje con su esposo y dos de sus hijos. Mi padre encendió su carro, y salió, regresando pocas horas después para hablar con mi madre de la gravedad del asunto y de la falta de recursos económicos para afrontar dicha situación. La respuesta que escuché de mi madre fue, "ahí está ese dinero". Dinero que era para nuestro viaje. Fue mucha la rabia que invadió mi ser en ese momento, porque no entendía cómo podía disponer de algo que sería para mis hermanos y para mí, de una forma tan desprendida, para dárselo a una familia que nunca vi llegar a visitarnos.

Pocos meses más tarde, ya recuperados, ellos andaban muy activos con su manera de ser. Nunca vi ni el agradecimiento ni el retorno del dinero, siguiendo la misma relación entre la familia, la cual era nula o ninguna.

Aprendí de esa experiencia que la familia es primero. Que debemos dar sin esperar nada a cambio y que no debía guardar rencor. Esa fue la última vez que mis padres planificaron una salida familiar a tan grande escala y ya solo realizábamos viajes cortos.

Mi tía enfocada en su trabajo, la profesora ordenando sus cosas y los asistentes de la profesora de música cuidando a los niños mientras que yo recorría todo el lugar. Encontré una tienda dentro de dicha instalación y quedé fascinado con una gorra azul de jeans que vi entre toda la ropa que tenían y muchas otras mercancías. No podía salir sin ella de ese lugar ya que me gustó tanto, pero ¿sin no tenía mi propio dinero cómo la iba a comprar? me pregunté. Salí para buscar a mi tía y pedirle que me la comprara. La encontré compartiendo con un grupo de personas y fue en ese momento cuando me presentó con mucho orgullo como su sobrino, la primera persona al extender su mano fue un hombre joven alto y muy elegante, seguido de una señora muy bien vestida. Me pidió que tomara asiento y así lo hice, que emocionante fue ver a cada coro cantar, todos formados por niños entre 6 y 13 años. La música uniendo diferentes estados de Venezuela en un mismo lugar y con un solo motivo: celebrar y compartir la fiesta de Navidad.

Viaje que causó un impacto positivo e inspirador en mí, días después cuando me senté a analizarlo.

A nuestro regreso, aparte de toda la experiencia vivida, andaba feliz con mi gorra —para muchos algo insignificante, pero para mí, algo de gran valor— el mejor regalo material que tuve en esa navidad junto a un gran despertar, ya que seguía teniendo un algo dentro de mí con ese viaje. Asociaba ese fino y elegante hombre, a su vez lleno de sencillez, a un compartir con todos por igual con Caracas, Distrito Capital y a las grandes instalaciones de dicha empresa, al hotel y las otras cosas que logré ver en tan corto recorrido. Toda la experiencia que me brindó dicho viaje no se me borraba de la mente ya que sentía mucha curiosidad por saber más de Caracas.

Regresé a mi realidad, pero con esa gran experiencia de haber salido más allá del estado donde vivía.

Me senté a analizar una vez más, pero en esa ocasión sume las vacaciones junto a mis padres y ese viaje. Los dos llenos de grandes vivencias, pero con la gran diferencia de que uno despertó conciencia en mi y los otros solo eran disfrutes de playa, montañas y ríos entre amigos y familiares.

*Muchas veces somos influenciados por otras personas sin ellos saberlo o por experiencias vividas como fue mi caso. Igualmente muchas veces influenciamos a personas sin nosotros mismos darnos cuenta, es aquí el punto del porque debemos **ser y hacer** nuestra mejor versión al pronunciarnos e ir dando lo mejor de nosotros en el camino llamado vida.*

Mientras que nosotros vamos en nuestro camino, estamos en un constante aprendizaje, damos y recibimos, muchas veces nos enteramos de que hemos sido inspiración para la toma de decisiones de algunas personas, muchas veces no llegamos ni a enterarnos pero seguimos siendo *Influencers* o somos influenciados por otras personas. Pronúnciate causando impactos positivos, que lo negativo llegará de quienes no se atreven a pronunciarse y deciden vivir en la oscuridad.

Todo un proceso la toma de decisión para seguir preparándome en la vida como profesional.

A finales del año 2003, sin saber qué camino tomar para *ser y hacer de mi mi propia pronunciación* me encontraba buscando universidad para estudiar una carrera.

Universidad, estudio, preparación para una vida mejor, es lo que escuchaba de mis padres, pero no escuchaba cuales carreras podía elegir para estudiar, que materias vería, cuantos años serian. Iniciando la búsqueda, no es fácil decidir cuando no se tiene una idea clara de lo que se quiere hacer. No tenía opción de estudiar instrumentación, que me fue bien en esa área. Computación, no tuvimos buena relación a pesar de que luego de volver de mi viaje de Caracas tuve mayor empeño en aprender mucho más, en el poco tiempo que me quedaba para culminar ese Técnico en Computación.

Universidades: UDU, muchos años para mi gusto. Pedagógico, todo un proceso para poder entrar, y de paso formarme para ser profesor o maestro no era mi vocación que digamos, recibí la información de un tecnológico, son 3 años, "mira todas las carreras que tienen", mis ojos brillaron cuando leí: Turismo. Exclamé: ¡Nada, esto es lo mío es lo que quiero, iniciemos ya!, no fue opción para mis padres, "eso no da dinero debes de estudiar algo diferente" fue la respuesta que les escuché.

Que difícil era tomar una decisión para ese entonces, no sé si a ustedes que me están leyendo les llegó a pasar como a mí. Ya no sabía que elegir, por desconocer cada profesión y por no tener buena orientación. Lo que si sabía era lo que tanto escuchaba, "si quieres ser alguien en la vida debes estudiar", pero nadie te dice las profesiones y el pensum de cada una, y a la hora de que tu crees que algo te gusta escuchas opiniones que te hacen dudar.

Son cinco años los que se invertirán de nuestra vida para estudiar una carrera universitaria, es mejor que vayan seguros y sin dudas. Hoy en día no justifico que los jóvenes no sepan qué es lo que quieren estudiar teniendo todo el avance tecnológico donde pueden leer, investigar cada carrera y su pensum, así como comparar con lo que quieren llegar a **ser y hacer** con sus vidas. Aplaudo a todas las personas que están estudiando hoy en día de forma presencial o a distancia luego de hacer una vida laboral e incluso familiar, siendo de gran ayuda el avance que hemos tenido con la internet y la facilidad que nos ofrece al tener un mejor alcance para educarnos o autoeducarnos, todo esto de la mano con las ganas de SUPERARSE. Aprender y emprender.

Estoy hablando de mi experiencia, de cómo lo viví y cómo lo vi yo. No era fácil salir adelante sin contar con muchas herramientas para una preparación académica, a diferencia del que vive en la ciudad con un mayor alcance y posibilidades de avanzar más rápido, pero eso no limitó mis ganas de superarme, de salir del pueblo y pronunciarme ante la vida, las ganas que existían dentro de mí eran recorrer diferentes caminos. Enfoque más grande de lo que yo mismo me podía imaginar para ese momento, ser alguien diferente a los que veía en mi entorno, pero siendo a la vez uno más de ellos, humilde, sencillo y transparente.

Durante mis años de estudios seguía en la casa de mis padres. Muchos semestres los viví viajando. Era una hora de distancia llegar a la ciudad para poder estudiar, haciendo dos paradas para esperar transporte y trasladarme —cosa que alargaba esa hora de distancia entre el pueblo y la ciudad a una hora y cuarenta minutos aproximadamente—, con un recorrido igual y con mucho agotamiento físico y mental al momento de regresar.

Mi primer semestre en la universidad

Emocionado desde el primer día por ir a ver clase cinco días a la semana, por la distancia en la que vivía, debía despertar cada mañana a las 4:40 am para tomar una ducha, alistarme, desayunar y salir. Mi primera materia de la mañana iniciaba a las 8:00 am y no tenía otra opción más que la de disciplinarme para cumplir con el compromiso adquirido académicamente, con la oportunidad de prepararme para un futuro mejor.

Así pasé los primeros cuatro meses y fue fácil adaptarme a esa rutina diaria, cuando llegaba el fin de semana solo quería dormir. La cosa se me fue complicando al tener mayor responsabilidad en la universidad. Cuando nos exigían hacer trabajos de investigación en grupo, todos mis compañeros vivían en la ciudad y yo era el único que vivía fuera, con los primeros trabajos no sabía como resolver ya que por tener que viajar no podía quedarme para reunirme con los demás. Lleno de excusas por la falta de motivación y, a la vez, aunque tenía ganas de quedarme todo el día fuera, tenía la preocupación de que no podía agarrarme la noche, ya que no sabía como resolver del todo estar lejos de casa. La vida del estudiante no es fácil cuando se vive lejos de la universidad y, de paso, sin una biblioteca que me permitiera investigar mis trabajos los fines de semana o, en su defecto, en las tardes al llegar al pueblo.

En los ratos libres entre materias, mientras muchos de los compañeros los tomaban para compartir, yo, lo que solía hacer era refugiarme en la biblioteca de la universidad para avanzar en las investigaciones que nos asignaban, creando estrategias de grupo que me facilitaran el complimiento del trabajo. Nos dividíamos los puntos a tratar y que cada uno investigara por su lado para luego unir los resultados. Fue así como fui aprendiendo a trabajar en equipo y asignar responsabilidades, muchas veces, solía resolver todo yo, y muchas otras no podía ni llegar a tener lo que me correspondía hacer.

Sin mucho avance tecnológico para la fecha, libros iban libros venían. La biblioteca llegaba a ser mi primer salón de clase cada vez que teníamos trabajos por entregar. Mi rendimiento físico no era el mejor, solía quedarme dormido en los carros cuando regresaba a casa, pero "si quieres ser alguien en la vida debes estudiar". Eso es lo que seguía estando en mi cabeza.

Al terminar mi primer semestre no contaba con amigos, ya que no tenía como hacerlos. Mi rutina era, madrugar para viajar, estudiar en el trayecto de viaje si tenía que presentar algún examen, en los tiempos libres entre cada materia buscar como ir avanzando en los trabajos, salir a las bibliotecas a investigar y regresar a casa. Me sentía algo frustrado. Al iniciar el segundo semestre y seguir con la misma rutina, me inscribí en un curso de inglés y de francés, los cuales vería en las tardes luego de salir de la universidad. Fue ahí donde conocí mi primera amiga, a pesar de que era muy bueno para hacer amigos, generalmente eran personas mayores. Al ser ella de mi misma edad hablamos de muchas cosas y le dejé saber donde estudiaba y qué, y ella estaba justo en el salón de al lado en la misma universidad, fue así como empezó una linda amistad que hasta el día de hoy seguimos compartiendo. Al inicio, nunca entendió mi rutina de viaje, pero me ayudó mucho en mis asignaturas. Ella siempre tenía los trabajos al día, muchos los llegué solo a copiar y los entregaba exactos como ella los tenía. El grupo de amigos fue creciendo cuando fuimos a inscribirnos, seleccionando materias juntos, y fue con ella con quien aprendí a sentarme en un cibercafé y a usar las computadoras para investigar un poco mejor, pero ya era un experto en la biblioteca y tenía amigos que me dejaban sacar los libros prestados, con un máximo de tres días antes de regresarlos.

Cuantas invitaciones perdidas para investigar en grupo, cuantas celebraciones de cumpleaños, comidas, salidas a centros comerciales, cuantas actividades deje de hacer junto a mis compañeros de la universidad por el simple hecho de vivir lejos, siempre con excusas para no asistir, más no entendían el motivo real. Un día, un amigo me dejó saber que su casa estaba a la orden y que saldrían en la noche para una discoteca.

Regresando algo frustrado al pueblo, y ya con ganas de no volver ni al pueblo ni a la universidad, llegué a sentir que tenía dos vidas, la de la ciudad y la del pueblo.

Que difícil es la vida cuando se quiere superar sabiendo de donde vienes y queriendo salir a lo que realmente queremos vivir.

Ya avanzados los semestres, tuve que inscribirme para estudiar de noche, ya que así lo exigía la misma universidad. Toda una complicación el cambio de horario. Ya no tenía que madrugar sino salir a media mañana y regresar a altas horas de la noche. El tema trasporte público: muchos días esperando más tiempo de lo normal para poder regresar. Ya todos los choferes de la línea ejecutiva en donde viajaba me conocían y esperaban por mí. Luego de la primera parada había una segunda para tomar un carro más y poder llegar a la casa de mis padres.

Sentía que se me iba la vida en un solo viajar para cumplir con la universidad y prepararme para esa vida mejor que de paso nadie me aseguraba. Me senté a analizar a cada uno de mis familiares, profesionales o no, y al verlos sumergidos en una rutina diaria no era lo que yo quería para mí. Lo que elegí para estudiar no era algo que podía decir "esto me apasiona" una vez que entendí de lo que se trataba la carrera, pero seguía dando lo mejor de mí.

Un día, regresando en uno de esos tantos carros por puestos, algo hambriento, con mucho sueño y rechazando una invitación, me dije a mí mismo: ¿Sabes qué? Yo voy a aprovechar que yo reúno mi propio dinero, trabajando en cuanta oportunidad me sale, para empezar a vivir, hacer amigos se me da fácil, aparte que muchos tienen carros, otros casas y son personas sanas. Mi familia desconoce a todo el que conozco, pero ¿cómo los van a conocer si no llegan al pueblo? Ni yo quería que llegaran a ir a la casa de mis padres.

Hasta tarde llegaba el chisme al pueblo

Fue así como me fui quedando en diferentes casas. Fue así como fui quedándome en la casa de mi tía en el departamento que tenían unas primas mías que estaban estudiando en la misma universidad. Fue así como empecé a tomar las riendas de vivir las cosas que quería estar viviendo. Lo que me ofrecía la ciudad y no el pueblo en el que vivía. Con decirles que me hice tan amigo de un profesor que los viernes salíamos a tomar y yo me quedaba en la casa de él.

De no haber tomado esas decisiones no me habría abierto a la vida, porque siempre veía a muchas personas del pueblo con una rutina igual a la mía, pero ellos si solían tener las ganas de seguir en el pueblo mientras yo quería salir por completo de él.

Ya más estable en la casa de tía, ella llegó a ser para mi una gran amiga, y su esposo un confidente y buen amigo también, vivir con ellos me facilitó un poco más la vida que quería experimentar y a su vez abrirme mucho más a la ciudad y, junto a ella, disfrutar de lo que nos ofrece. Encontrando todo lo que me gusta y que el pueblo no me ofrecía ni en aquel momento, ni hoy en día, ya que su progreso no ha sido ni fomentado ni exigido por sus habitantes.

Todo un lujo el que me daba al caminar por los diferentes centros comerciales. Sentarme en la panadería y pastelería Plaza Mayor y disfrutar de lo que tanto me gusta que es un buen café con leche, ir al *gym*, tener la posibilidad de conocer diferentes personas y hacer nuevas amistades era lo que más disfrutaba hacer. Compartir actividades al aire libre, salir a comer en diferentes sitios y poder tener mayor comodidad para estar más cerca de mi universidad. Ni hablar de los muchos fines de semana de piscina y fiestas a las que asistí.

Mientras muchos de mis amigos sabían nadar yo solía era brincar, que iba a saber yo de jugar tenis, si cuando niño mi madre me inscribió en beisbol ya que donde vivíamos solo teníamos esa única opción, y yo, para no correr, solía batear con tanta fuerza que lograba sacar la pelota del campo e ir más relajado a recorrer las bases.

Siempre regresaba los fines de semana a la casa de mis padres, y muchas veces me quedaba y viajaba como solía hacerlo. Hasta que un día me encontraba de mal humor limpiando unas plantas que tenía mi madre para hacer una mejora en el jardín. Concentrado en lo que me encontraba haciendo, mi padre se acercó y me buscó conversación. Yo le respondí con respeto, desde mi punto de vista, al tema planteado, causándole una gran molestia, a tal punto, que llegó a gritarme con una fuerte rabia que si estaba loco. Repitiendo la palabra loco con tanta fuerza que retumbó en mi mente por minutos. Mi madre salió a ver qué pasaba por los fuertes gritos, pero mi padre ya iba rumbo al carro para salir, mis lágrimas salían solas, no porque yo quería llorar, no porque mi padre me llamara loco, sino porque no me sentía parte de estar viviendo en casa con ellos y de la forma como vivían. Yo deseaba experimentar saliendo más allá del pueblo en el que me encontraba, y al pasar los días encerrado, sin avanzar, sentía que perdía algo valioso de mí, sin aprender más de lo que ya estaba viendo por fuera, sin ver cosas nuevas, sin disfrutar de lo que me gustaba. Al caer la noche me acosté a analizar, preguntándome ¿por qué la discusión con mi padre y por qué llegó a llamarme loco? Esa noche me quedé dormido con una gran felicidad, ya que mi respuesta fue que si mi padre pensaba eso de mi era porque yo era diferente a él, y de forma notable. Llenándome de muchas más ganas de seguir buscando mi verdadera personalidad y forma de ser para hacer de mi quien soy hoy en día.

Luego de esa experiencia con mi padre y llegar a mi propia conclusión quise irme de la casa, pero no tenía donde ir y no sabía como independizarme.

Tantas cosas vividas fuera del pueblo y ver que había una vida más actualizada, por llamarla así, llena de muchas más actividades por realizar, que para muchos serian pocas e insignificantes, pero para mí eran grandes y muy valoradas, pasar por la experiencia de probarme laboralmente y sentirme capacitado para afrontar una responsabilidad, me hizo sentir muy grande y que sí podía dar más de mí para mí.

Esta otra experiencia fue la que me llevó a decidir mucho más rápido mi salida. Luego de hacer mi curso de computación y ver a la secretaria de colegio del pueblo con la misma máquina de escribir fue darme cuenta —ya de una— de que tenía que salir corriendo, no del colegio ni de la casa de mis padres sino del pueblo como tal, pero sin saber a qué dirección agarrar.

Pero salir era la meta. Es así como nace mi refrán: *es más fácil juzgar que orientar*. Muchas veces juzgamos la vida de los demás sin darnos cuenta que dejan que la vida decida por ellos. No era mi caso, ni lo que yo quería en ese momento, ni hoy en día.

Todos en algún momento de la vida pasamos por situaciones negativas, discusiones con nuestros amigos o familiares o traemos traumas de nuestra niñez. ¿Ustedes se imaginan la batería de un control remoto solo con el polo positivo? No trabajaría ¿verdad?. Para mí, la vida es así, tenemos el polo positivo + y el polo negativo − solo está en combinar lo negativo con lo positivo para que trabaje a nuestro favor y poder hacer que nuestro control remoto funcione para cambiar lo que estamos viendo en nuestra vida.

Las experiencias dolorosas son ineludibles, pero forman parte de la condición humana, solo está en uno mismo decidir si alargamos el dolor que nos causa o las usamos para cambiar nuestra historia a escribir. Solo está en tí elegir que hacer. Solo depende de tí si arrastras tus traumas, miedos, sentimientos negativos, limitándote a evolucionar o si los usas como combustible para darle fuerza a lo positivo que quieres en tu vida.

Viendo todas esas razones por la que debía salir del pueblo decidí seguir viviendo en casa de mi tía. Ya era poco lo que viajaba a la casa de mis padres y muy enfocado en mis estudios pensando en lo que tanto escuché: "Si quieres ser alguien en la vida tienes que estudiar". Seguía estudiando de noche, con mucho más tiempo libre para hacer otras actividades, ya que las 3 o 4 horas que se me iban solo en viajar las aprovechaba para diferentes actividades dentro de la ciudad, disfrutaba de reuniones con amigos de lunes a lunes, ya no tenia excusas para dejar de reunirnos, más bien buscábamos excusas para reunirnos. Empecé a rendir más en los estudios y los viajes ya no eran al pueblo sino a donde me invitaran mis amigos. Logré inscribirme en diferentes cursos, sacándole el mayor provecho a las oportunidades que nos brinda estar en la ciudad.

Ya por graduarme, mi lista de amigos era bien extensa, tanto de mí misma edad y muchos otros con unos años más, conocía a personas que trabajaban en empresas públicas y privadas dentro de Maturín, dueños de pequeñas y medianas empresas privadas, las opciones para hacer mis pasantías eran muchas, pero decidí irme a hacer mis pasantías con una amiga en el estado Anzoátegui.

Me tocó buscar donde vivir y dedicarme a trabajar en mis pasantías, en Barcelona, estado Anzoátegui, el estado del cual me enamoré, ubicado en la región nororiental del país, limitando al norte con el mar Caribe (Océano Atlántico), teniendo al noreste Sucre y al este mi estado natal Monagas. Cómo no sentirme enamorado de la playa, el sol, la arena, el atardecer y, sobre todo ese olor del mar, el sonido de las olas. Fueron muchos días los que salía a caminar con mi amiga por lo que antes se llamaba El Paseo Colón, hoy en día cuenta con diferente nombre. Mi amiga era la misma que dentro de la oficina desempeñaba el papel de mi jefa, sin tener opción a equivocarme en el trabajo y a presentar excusas para dejar de ir o fallarle en las tareas que me asignaba. Un gran amigo que luego elegí como hermano, fue el dueño del apartamento que renté para poder pasar los meses de pasantías. Hijo de margariteños, del estado Nueva Esparta, archipiélago formado por tres islas Margarita, Coche y Cubagua, un estado del cual me enamoré mucho más. Fueron viajes y viajes que hicimos juntos a la Isla de Margarita. Haciendo buenas relaciones con las personas que conocía en cada viaje, dejaba buenos amigos y por donde pasaba tenía las opciones de quedarme a dormir, comer, beber, sin gastar mi dinero. Compartí grandes momentos en cada viaje y seguía disfrutando de lo que tanto me gustaba: la playa. Lugar donde no existe ninguna interrupción para sentirme conectado con lo que realmente quería estar viviendo. Era un don que tenía o mi forma de ser que le agradaba a la gente con la que compartía, con todos me llevaba bien dejando muchas puertas abiertas en cada viaje realizado.

Agradecido con mi amiga por abrirme las puertas de su empresa y tener la oportunidad de seguir avanzando junto a ella.

Todo ese recorrido de mi vida fue sin teléfono celular, sin cámara fotográfica y con grandes vivencias que pude haber grabado o fotografiado.

Regresé a Maturín para presentar mi resumen de pasantía y preparar tesis luego de haber pasado los 6 meses. Conservando un empleo que me permitió volver para seguir viviendo en dicho estado. Ya mi ruta de viaje para esta oportunidad había cambiado, ahora me encontraba viajando del estado Anzoátegui al estado Monagas. En uno trabajaba y en el otro seguía estudiando.

Fue muy fácil para mí hacer y presentar el resumen de pasantía. La tesis, en cambio, toda una complicación ya que a mis compañeros les gustaba discutir y hacer las cosas bajo el método que les ofrecían los profesores, capítulo por capítulo, ir discutiendo los puntos, cambiando palabras y todo el proceso que te lleva a perder unos cuantos meses que bien los puedes invertir en algo diferente. Logrando quedar solo para hacer mi tesis seleccione el tema: Manual de Seguridad Industrial. Les planteé la propuesta a mis profesores y a su vez les dejé saber que en la misma empresa donde hice mis pasantías quede contratado, y ya que mis padres no podían intervenir en esta decisión, así conservé mi primer empleo.

A su vez, les dejé saber a las profesoras que no solo sería mi tesis, sino que estaría dedicado a la empresa donde hice la pasantía, ya que lo exigía la ley y no contaban con un manual. Fue todo un tema y el más nombrado de esa promoción. Me tomó dos semanas y media hacer mi tesis, por primera vez en mi vida adopté un enfoque tan serio trabajando día noche durante esas semanas. Todo sobre papel y a punta de lápiz. Tuve que pagar para que lo transcribieran, ya saben mi experiencia con la computadora. Tenía dos profesoras que me asesorarían en el proceso, no las llegué a molestar, sólo para la revisión final. Ni hablar de la supervisora queriendo ponerme piedras de tranca por mi falta de humildad en la preparación de la tesis. Gané mucho tiempo libre ya que tenía mi tesis lista. Seguía viajando para trabajar en el estado Anzoátegui, y en mis días libres empecé a recorrer más dentro del mismo estado.

*En uno de mis tantos viajes recordé las vacaciones que mis padres nos ofrecieron y que no nos pudieron dar y recordé tambien el viaje con tía, fue así como aprendí que debemos ser agradecidos, antes, durante y después, porque sin haber tenido esas experiencias quizás no me encontraría realizándo mi pronunciación con lo que realmente quiero **ser y hacer**.*

Llegué a conocer muchas de las hermosas islas que están dentro de dicho estado, salía hacia otros municipios dedicado a recorrer y conocer. ¡Qué fines de semanas vividos en Cumaná, El Tigre, Anaco, San Tomé y Cantaura! Disfrutaba más de las fiestas tradicionales de esos pueblos que las del que me vió nacer.

Caracas, Maracay y Valencia fue la nueva ruta de viaje que tomé una vez que ya había recorrido, en su gran mayoría, el estado Anzoátegui. Llegó a ser mi ruta favorita: grandes vivencias, grandes amigos, grandes centros comerciales. Mientras mis compañeros seguían asistiendo a sus asesorías de tesis, yo seguía recorriendo camino. Mientras yo veía como la gente de la ciudad vivía cada quien lo suyo, la gente del pueblo que me vio nacer, creaba chismes e intrigas para distraerse y a su vez le dejaban saber a mi familia que era mentira que yo me iba a graduar.

Fue así como aprendí a no detenerme por las malas críticas, chismes y odio de las personas que no desean el bien para uno, solo porque ellos no se atreven a avanzar en la vida. Hoy puedo decir con base que soy un hombre de demostrar con hechos lo que sale con palabras de mi boca.

Sigue tu intuición, medita tus pasos a dar y no permitas que el miedo nuble tu verdadero ser para vivir con libertad, porque la vida se nos va en trabajar para lograr nuestros objetivos, en su gran mayoría materiales, los que una vez logrados nos llevan a ser prisioneros de ellos.

Sin tener un teléfono inteligente, para ese entonces no teníamos una tecnología tan avanzada y los que habían solo eran para la clase alta o pudiente, si así lo pudiera decir, y para mí no era algo necesario en ese momento, totalmente separado de la tecnología, con mi Nokia tenía más que suficiente, un aparato que sería completamente antiestético hoy en día, no contaba con cámara fotográfica, ni a mí me gustaban las fotos.

Cuantos viajes, cuantas fotos deje de tomar, cuanta información deje de postear, solo están en mi memoria muchas de esas vivencias y postear fotos y videos me ayuda a ganar dinero hoy en día.

Que tu Instagram, Facebook y redes sociales sea el canal, la vía publicitaria, para mostrar tu pronunciación y que una página Web (amplia o básica) sea tu tienda virtual. Tus fotos o videos deben de ser completamente persuasivos, de forma que quienes los vean digan en su mente o en voz alta "sí" a tu producto o servicio, lo mejor de saber lo que quieres **ser y hacer** es la LIBERTAD de la que disfrutamos como emprendedores luego de los sacrificios que pasamos inicialmente.

El éxito y el talento no se consiguen tan fácilmente, pero sonríe siempre durante su búsqueda, sé fuerte y confía en tí, lucha y no desmayes en el camino, sacrifica lo que tengas que sacrificar y vé detrás de tus sueños que si se pueden lograr.

Social Media Manager

Ser tu propio *Social Media Manager*, de tu producto o servicio o el de alguien más, te lleva a estar creando contenidos de forma diaria los cuales serán el plan de mercadeo para las redes sociales.

La creatividad juega un papel muy importante en este punto ya que es la que te lleva a crear lo que quieres **ser y hacer** con tu pronunciación en las redes sociales.

1. Crear la estrategia personal o de empresa a publicar.

2. Crear un plan de contenidos para tus publicaciones referentes a tu pronunciación producto y/o servicio

3. Utiliza tus historias —*Stories*— para conectar, constantemente con el público alcanzado.

4. Análisis de la competencia, del producto o servicio relacionados con el que te encuentres trabajando.

5. Definir objetivos y tener metas claras para saber a donde quieres llevar tu pronunciación.

6. La paciencia y constancia crean una fiel audiencia en las redes sociales, quienes terminarán siendo tus consumidores y mejores referencias.

7. Programa tus *post* con tiempo, así tendrás ventajas de verificar y modificar en especial los textos.

8. Estar consciente del potencial que tienen las redes sociales en nuestra actualidad e identificarte con una de ellas como yo lo hice con Instagram.

9. El resultado, bien sea positivo o negativo, de tu *post* ante el público, solo está en ti aprovecharlo. Eres tú quien sabe el mensaje original a trasmitir.

10. Conmover es igual a mover seguidores a tu favor. Toca sus sentimientos y deja ver los tuyos, o ve relatando poco a poco cómo nace tu producto o servicio.

11. Ver oportunidades donde otros no la ven con una mentalidad positiva.

12. No pares ni de aprender ni de crear.

13. Identifica los horarios que tu público conecta más contigo.

14. Manejar un calendario de publicaciones. Este te ayudará a saber qué publicar cada día en la red social que decidas usar.

Estos son pasos que debemos tener claros para lograr nuestro objetivo final, que es el de promocionar en internet —redes sociales— nuestro producto o servicio.

Ser nuestro propio *Social Media Manager* sobre nuestra pronunciación e *Influencer*.

1. Como *Social Media Manager*, crear estrategia para lo que vayamos a anunciar, publicar las campañas, los posts de las redes sociales y llevar los reportes o resultados de los mismos.

2. Como *Influencer*, dar credibilidad y confianza para influenciar en la toma de decisión del publico alcanzado.

En pocas palabras: contenido creado, calendario de publicación seleccionado, seguimiento al público alcanzado y repetir acción. Cabe destacar que lo que más se debe hacer es crear contenido para publicar en las redes sociales ya que estamos en una nueva era, la era digital. Se puede crear anuncios con Facebook e Instagram para aumentar el alcance de tu post donde dejas ver tu producto o servicio, o llevar tráfico a tu sitio Web y hacer campañas publicitarias para influenciar en la toma de decisión del que será el consumidor final.

*No solo con dar lo mejor de ti se asegura tu éxito, también debes hacer las cosas bien y ponerle corazón, amar lo que haces te asegurará **Ser y hacer de ti tu propia pronunciación**.*

Así como yo le puse corazón a mi tesis para tenerla lista, corregida por la misma profesora que me ofreció venderme una, pensando que me faltaría tiempo y, quizás, conocimientos. O simplemente porque algunos alumnos se prestaban para dicha solución. Con toda la tesis lista, solo me quedaba esperar la fecha para exponer la misma. Tenía la firma de aprobación de mis dos tutores y la supervisora, de quien era muy notable su fuerte rabia hacia mi persona. Llegué a pensar que la mayor molestia de ella era que yo no perdía mi tiempo en aclararle sus dudas no profesionales, ni quise dejarle ver que fue un trabajo que realicé solo con los conocimientos adquiridos en dicha institución y la práctica en la empresa donde realicé mis pasantías.

Enterándome días antes de mi presentación de que su molestia era porque realicé mi tesis solo y, de paso, que sería el manual que usaría la empresa donde realicé mis pasantías y que aún seguía trabajando en el área de seguridad industrial, imagino que llegó a sentirse inferior profesionalmente ya que fue la misma profesora que me dió clase de higiene y seguridad industrial y otras materias relacionadas.

Antes de ser profesora trabajaba para la industria petrolera en el área que yo elegí como tema de tesis. Materias que logré pasar con baja puntuación, no por falta de conocimientos y de interés sobre el tema, sino por su falta de profesionalismo como docente para conmigo.

Aplicando los conocimientos que obtuve de las mismas materias que vi con ella para poder crear el manual que usaría la empresa, manual que sería mi tesis y, además, quedando seleccionado para dejarlo como ejemplo en la biblioteca de dicha institución. Mientras que todos los profesores y compañeros hablaban de mí, algunos negativos y otros positivos, yo seguía teniendo algo bien claro: mi enfoque y mis ganas de graduarme, ya no solo por mi, sino también por darle ese orgullo a mis padres, ya que yo entré por una carrera y salí por otra sin llegarle a tener amor a ninguna de las dos, pero dando siempre lo mejor de mí y aprendiendo todo lo que tenía que aprender

Escuchar tantas veces a mis padres decirme "si quieres ser alguien en la vida debes estudiar", y así lo hice. Llegué a ver el orgullo que sentían por su hijo a solo pasos de ser un profesional.

Con una experiencia más en la vida, lo que les quiero decir es que siempre encontraremos todo tipo de personas, unas con buenas energías para con uno y otras con no tan buenas energías, solo depende de uno mismo ceder el poder de que nos dañen o perjudiquen el camino en el cual nos encontremos.

Con respeto a las opiniones ajenas, dejando que piensen hagan o hablen lo que quieran, nunca debemos perder nuestro verdadero enfoque, superando siempre las circunstancias que se nos vayan presentando en el camino, las cuales nos dejarán mucho más conocimiento haciéndonos valorar y apreciar aún más el éxito final. Por esa razón es tan importante saber cuáles son nuestras metas y objetivos, saber de qué estamos hechos y mantener nuestro enfoque.

Algo muy similar pasa en las redes sociales

Encontraremos todo tipo de personas y cada una con su propia opinión. Lo que yo conocí, mis experiencias vividas en las diferentes instituciones educativas en el pueblo en el que vivía, donde había personas que me odiaban, llámese odiar, aborrecer, envidiar, que su objetivo final no es más que ser una persona negativa. Hoy en día, con el auge del internet, se ha popularizado estas mismas personas, pero definiéndose como *Hater*, que traducido al español no es más que alguien que odia.

Haters

Son personas cínicas y hostiles que no saben qué hacer con sus vidas, que pasan su tiempo en las redes sociales ofendiendo, envidiando y con una gran disponibilidad para agredir, queriendo dejar ver que el único razonamiento correcto es el que emiten y que no son más que ofensas para los que, de verdad, llevamos una vida armónica y positiva pronunciados con nuestro verdadero ser y hacer.

Cuando sabemos con cuantas piezas armamos nuestro camino no temeremos ante ningún Hater *que quiera desarmarnos.*

Esta es otra de mis tantas tomas de decisiones, o le cedía poder a la supervisora de grado para que dañara mi trabajo, o con respeto y educación sobrellevaba la situación para salir con éxito en mi presentación.

Algo que hoy en día puede parecer simple, pero para esa época en la que me encontraba estudiando no era así. Estados mentales no muy abiertos, la falta de humildad de los profesores para asumir sus errores personales o profesionales era de gran ofensa para ellos.

Dejando sorprendidos a la mayoría de los profesores y compañeros de clase, e incluso familiares, al lograr que me aceptaran el hacer mi tesis solo cuando en dicha institución no se permitían trabajos de grado individuales, el tiempo que me tomó redactar la misma y verme ya pronto a graduarme.

Las cosas del universo, del creador, de la energía o del mismo destino. Llegado el día para exponer mi tesis, entre los jurados estaba la que siempre quiso ser mi piedra de tranca, muchos de los testigos presentes esperaban lo peor de mi en la defensa de tesis por los comentarios negativos emitidos por dicha profesora. Me la traía jurada como ella misma me lo expresó en mi cara.

Antes de mi presentación había dos grupos formados por alumnos que no conocía y el tercer grupo era el de mi amiga. Luego era mi turno. El tema del primer grupo era sobre la Alcaldía de Maturín. Al iniciar su exposición resaltaron la gran labor que hicieron junto al alcalde, excusándolo por no estar presente en ese momento. Sonreí al escuchar la excusa expuesta por los alumnos. Sabiendo yo quien era el alcalde, y conociéndolo bien, sabía que no se iba a prestar para estar presente. Sí les reconozco que tuvieron una gran defensa de tesis, aprendieron de un buen político.

El segundo grupo hizo un gran trabajo de equipo, una exposición bien limpia y hasta regalos para el jurado, resaltando una empresa de construcción privada. Al escuchar el nombre de dicha empresa volví a sonreír. El dueño de la empresa era un gran amigo para mí con quien compartía muy a menudo.

Al terminar mi amiga y su grupo la discusión de su tema invitaron a los presentes a compartir un refrigerio que habían preparado.

Unos veinte minutos luego de ese compartir, y seguido del protocolo, escucho el llamado que me hacen para discutir mi tesis de grado. Al pararme y verme frente de los jurados mi mundo se nubló por completo en aquello que debía estar enfocado, mis pensamientos estaban en los tres grupos anteriores en lo bien que trabajaron presentándose unos con otro y en el apoyo que se dieron como equipo. Me bloqueé de tal manera que no sabía por dónde iba a iniciar ni cómo iba a exponer. Tenía un gran nudo en la garganta, mis manos sudaban, llegué a sentirme intimidado por las penetrantes miradas. Para suerte mía, la puerta del salón donde estábamos fue abierta por un profesor, dejando saber que terminaba de temblar y que teníamos que evacuar el edificio. Las cosas del universo, del creador, de la energía o del mismo destino estaban a mi favor en ese momento.

No tengo palabras para explicar lo feliz que me sentía al salir y ver ese sol radiante. Abracé a mi madre que me acompañaba ese día, ella no entendía mucho mi grado de felicidad, mi padre estaba afuera esperando por nosotros acompañado por dos de sus empleados, tomando, salimos rumbo a comer y empecé a tomar con ellos, uno de los empleados me quitó la chaqueta que cargaba y se la puso haciendo chistes, hablábamos de todo menos de mi tesis, comíamos y bebíamos en un hotel de Maturín dentro de un casino que era donde celebraría con mis padres la presentación de la tesis que por un temblor no se dió, quedando pautada para el siguiente día en horas de la mañana.

Luego de llegar a casa a la media noche algo cansado, sin pensar en tesis ni exposición me quedé dormido, desperté horas más tarde gracias a una pesadilla que tenía, soñaba que estaba llegando tarde a la presentación. Me levanté de la cama corrí al baño a tomar una ducha y al salir vi que mi madre estaba lista y solo esperaba por mí. Me alisté y junto a mi padre salimos rumbo a la universidad para defender mi tesis de grado.

En el camino, recordar cómo se me nubló la mente y el por qué, haberme bloqueado para mi exposición cuando sabia de lo que iba a hablar con toda la seguridad, no fue un punto a favor para estar enfocado, empecé a analizar, a buscar el por qué me sucedió y vi que estaba fuera de mi enfoque al ver ese trabajo de equipo. Recuperé la seguridad y el enfoque pensando en las dos semanas de redacción, en el largo trabajo de pasantía y cómo hice yo mismo el manual, fue así como llegué a la conclusión de que cuando uno sabe con cuantas piezas está armado no va a venir ningún *Hater* a desarmarnos, así como lo quería hacer la profesora sin lograrlo y hasta mis mismos nervios al ver la excelente presentación de los demás grupos y yo estando solo.

No era una opción la que tenía de presentar y dar lo mejor de mí, sino que era un deber hacerlo bien. Al llegar, todos los demás grupos estaban formados, los jurados reunidos y solo esperaban por la hora de inicio, al pararme frente a ellos, con una gran sonrisa, me presenté cumpliendo con todo el protocolo inicial, les di las gracias con un pequeño recorrido histórico de mi paso por dicha universidad, todo de forma espontánea, nada planeado ni estudiado, seguido les presenté el tema de mi tesis y el por qué la seleccioné. A su vez les dejé saber que era un tema muy amplio y que seleccioné los puntos más relevantes para hacer dicha discusión. Fue así como inicié, mirándolos a los ojos de vez en cuando, mientras hablaba lleno de seguridad, abriendo y cerrando los puntos seleccionados, en ese momento me encontraba dando lo mejor de mí. Al terminar fui aplaudido, cosa que no había visto con los grupos anteriores. Entre el jurado estaba la profesora que me la había jurado, con mi tesis en sus manos tomó la palabra para hacerme una pregunta, me sentía capacitado para responder de haberla llegado a hacer, pero los demás jurados decidieron que no debía responder a la misma, que mi presentación había dejado bien claro que trabajé en el tema expuesto y que sabía de lo que hablaba.

Conocernos y saber con cuantas piezas estamos hechos nos brinda seguridad, pero convertirnos en profesionales cualificados nos da la oportunidad de **ser y hacer** de nosotros nuestra propia pronunciación personal llenándonos de seguridad ante el público a tratar.

Maneja tus redes de la misma manera como profesional, y no como aficionado, bien sea como *Social Media Manager* o como *Influencer*.

El respeto y la tolerancia deben ir de la mano en nuestro día a día ya que cada persona tiene su propio criterio, el respeto a mí se me inculcó desde muy temprana edad y es lo que me ha llevado a tener buenas relaciones con la gran mayoría de las personas que he tratado, así debemos prestar un buen servicio al cliente cuando se está trabajando en las redes sociales, como *Social Media Manager* o como *Influencer*, ya que hoy en día las personas prefieren hablar más por las redes de su situación actual, expresar sus sentimientos muchas veces de forma pública y otras solo por las bandejas de mensaje, también son usadas como buscador para cubrir alguna necesidad, es así como van a dar con tu producto o servicio por una necesidad que cubriremos con nuestra pronunciación, dominando de forma profesional los servicios a ofrecer y no como aficionados, esto nos llevará a mantener la satisfacción del consumidor final garantizándonos el éxito en la labor prestada.

El tiempo y el enfoque es algo que debemos de aprender a manejar, ya que van muy de la mano. Así como fui superando a las personas que quisieron poner trabas en mi vida como estudiante, a nivel personal y laboral, yo solo se las dejé al tiempo y él se encargó de apartarlas o de pararlas, mientras que yo seguía enfocado en mis objetivos.

Así debemos trabajar en las redes sociales, con un buen enfoque y darnos tiempo para desarrollar lo que sabemos hacer bien, a tal punto que sea algo que nos salga de forma natural, siempre creando buenos planes de contenidos que atraigan prospectos y logres concretar las ventas deseadas.

Brindar seguridad y estar seguro al hablar es algo que le da al público credibilidad. Explota lo que sabes y cómo lo sabes hacer mientras vas autoeducándote en las demás áreas a trabajar con tu pronunciación.

Ya una vez graduado me hacía la misma pregunta una y otra vez ¿Cuándo debo empezar a emprender en mi propio negocio? ¿Dónde está esa vida que me decían, que si quería ser alguien debía estudiar? Repetir el patrón de mis padres para mi no era una opción.

A pesar de haberme graduado seguía presentándome como el ser humano que soy, no me hacía falta poner un título antes de mi nombre, como solía ver entre muchos de mis amigos y familiares. Llamándose INGENIEROS, LICENCIADOS, DOCTORES ¿solo por un logro académico? Respeto la forma de ser de cada persona y sus ganas de presumir y ostentar un título. Yo le sigo dando más valor e importancia a la calidad del ser humano porque ese título no se obtiene en ninguna universidad, solo en el camino llamado vida.

Ya no escuchaba que debía estudiar para ser alguien, sino que debía trabajar para ser alguien en la vida.

Yo seguía recorriendo de un lado a otro, y siempre me decían que lo que debía era tener un empleo fijo y de paso cuidar del mismo para poder lograr mis cosas. Fue así como comenzó mi búsqueda de empleo. Recorrí varias empresas, en muchas trabajé por cortos periodos de tiempo, en otras solo hice amigos y en otras solo encontré las puertas cerradas. Pero en su gran mayoría siempre dejé buenas amistades. Era muy querido por todos y, por los que no, igual, siempre estaban pendiente de mí. En muchas oportunidades llegué a salir con mi hermana mayor a la búsqueda de empleo, en su gran mayoría todos relacionados con franquicias, pirámides, ventas. Causándome un fuerte trauma la canción que llegué a escuchar en todos: "Sí podemos, sí podemos. Griten más duro. Sí podemos, mi hermana, excelente vendedora, disfrutaba de entrar en esas pirámides, pero yo totalmente lo contrario a ella, no estaba en mí querer venderle a otro, siempre pensaba cuándo debo emprender mi propio negocio. ¿Qué debo hacer, dónde está mi camino? Siempre me lo estaba preguntando.

Mis padres me brindaron la oportunidad de solicitar junto a ellos créditos agrícolas. El primer año muy difícil. A pesar de que traía la experiencia vivida en la adolescencia, no era igual a la que afrontaría como adulto y responsable de mi propio crédito. Mi primera y única cuenta bancaria era bajo la condición de estudiante. La cual podía mover con toda libertad para ingresar cualquier suma de dinero, pero para gastarla sí tenía limitaciones. No sabía mucho de bancos ni de préstamos, pero cuando ví las cifras a manejar tuve que buscar la manera de aprender un poco más de finanzas y de viajar menos para así llegar a guardar más. En dos años trabajando la agricultura llegué a tener en mi cuenta cinco veces más que lo poco que cobré en un año de trabajo en una de las tantas empresas por las que pasé. Aprendiendo de esa experiencia, que podía llegar más lejos emprendiendo yo mismo que siendo un empleado. Pero con todo y eso, seguía trabajando en las oportunidades que me salían, ya que seguía escuchando de mis padres que un trabajo estable da más frutos y seguridad. No los entendía ya que me estaba viendo hacer más dinero en la agricultura y en los negocios por fuera que en los empleos que llegue a tener.

Al paso del tiempo, la seguridad de la que tanto me hablaban mis padres eran:

1. Pago de seguro social (para contar con una pensión al llegar a la vejez) y yo apenas tenía unos 25 años.

Cosa que al investigar aprendí que lo podía pagar siendo un trabajador independiente.

2. Pago de ley de política habitacional (para optar por una casa, con un interés más bajo).

Misma ley que empecé a pagar de forma independiente.

3. Contar con un seguro médico (toda empresa te brinda un seguro medico para ti y tus dependientes).

Siendo joven no pensaba en eso hasta que vivimos una experiencia en la casa con mi madre. Tuvo una fuerte caída en la que se fracturó la rodilla y no contábamos con un seguro médico que cubriera dicha operación. Teniendo que pagar de forma particular la cirugía, y para reunir el pago de esta tuvimos que contar con la ayuda de amigos y familiares.

Con las experiencias que nos van pasando día a día en el camino llamado vida es que vamos aprendiendo. Todo es organizarnos, aprender y emprender, porque todo tiene soluciones, unas de forma fácil y otras de forma difícil, pero todo depende de educarnos y querer solucionar.

Sé el miedo que da el no saber cómo dar el primer paso para pronunciarnos, pero hasta que no descubramos más de nosotros y de lo que somos capaces de **ser y hacer** no nos arriesgaremos a salir de esa zona de confort en la que nos encontramos. El mejor momento para emprender en tu producto o servicio para pronunciarte con tu verdadero **ser y hacer**, es el aquí y el ahora. No dejes pasar más el tiempo porque es lo más valioso que tenemos, autoedúcate para aprender y emprender.

Solo debemos organizar bien nuestros gastos de cada mes, una vez que tengamos esa cifra empezar a reunir para cubrir unos 15 meses, asesorarnos con una empresa de seguro para contratar su servicio y contar con una póliza amplia o básica (es mejor tenerlo así no lo vayamos a necesitar), según las leyes de tu país cuáles serían los pagos que deberías seguir haciendo y empezar a cubrirlos de forma independiente. O bien puedes tener un trabajo de medio turno y así no dejar de percibir un ingreso, mientras tu pronunciación llega a producir tu ingreso monetario en su máxima expresión.

Autoeducarnos en finanzas y aprender a manejar el dinero siempre serán una opción positiva que nos brindará mejoras en el camino de la libertad financiera.

Yo, sin saber en que invertir, seguía viajando y conociendo más. A mi corta edad, llegué a viajar dentro de Venezuela por no menos de 17 estados y solo tiene 23. Recorrí de norte a sur y de este a oeste su Distrito Capital, la Gran Caracas, visitando y disfrutando de múltiples lugares.

A continuación incluyo una serie de fotografías que ilustran mi recorrido por Venezuela.

MAPA DE VENEZUELA

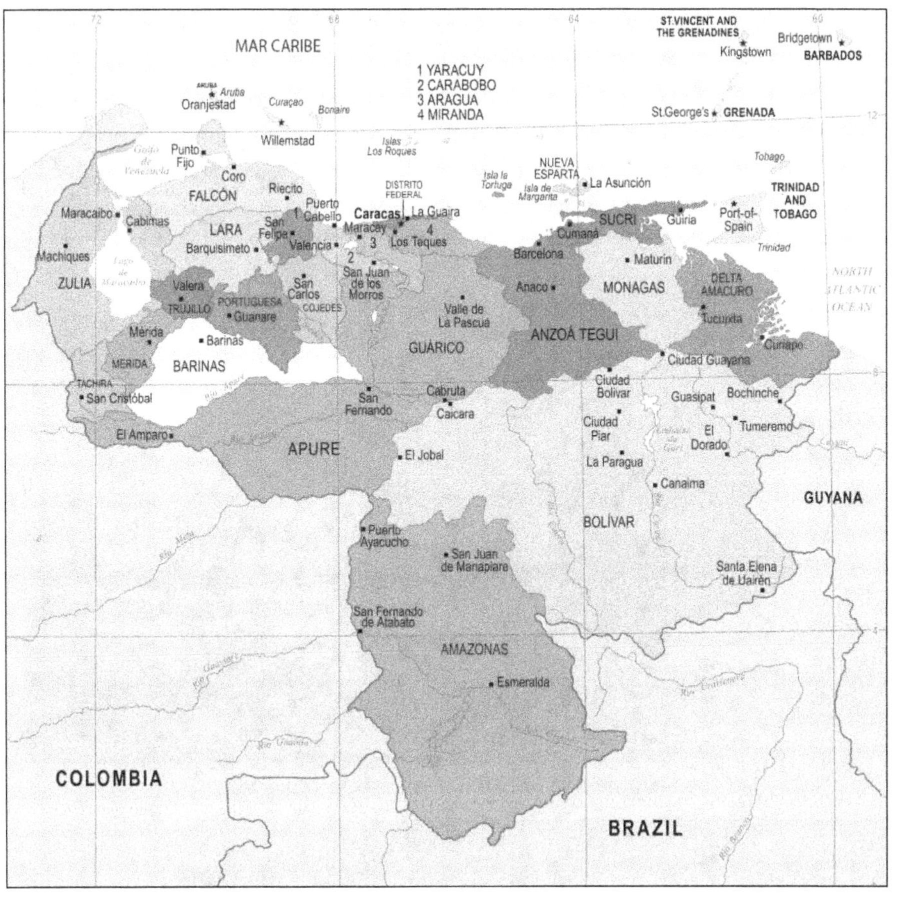

Valle de Caracas

Parque Generalísimo Francisco de Miranda

Parque Generalísimo Francisco de Miranda

Casa Natal del Libertador Simón Bolívar

Panteón Nacional

Parque Los Caobos

Museo de Bellas Artes

Plaza Altamira

Jardines Ecológicos Topotepuy

Diablos de Yare

Morros de San Juan

Ciudad Bolívar

Puente Angostura

Ciudad Bolívar

Médanos de Coro

Catedral de San Felipe, estado Yaracuy

Puente sobre el Lago de Maracaibo

Playa de Cumaná

Playa de Cumaná

Ofreciéndonos también diferentes actividades al aire libre, teatro, arte y cultura, el recorrido por sus calles y visitar sus hermosos centros comerciales, sus clubes nocturnos y restaurantes era algo que disfrutaba hacer en mis constantes viajes a Caracas. La hospitalidad y el respeto del caraqueño era lo que más disfrutaba, esa calidad del ser humano, el tono de voz, ese acento diferente a todos los demás estados.

Cómo olvidar lo sabroso que es comerse una arepa o un perro caliente de madrugada en la *Calle del Hambre* o una de las tantas areperas del centro, de subir al Calvario y tomarse un café con leche que era lo que más disfrutaba al estar en tan imponente lugar, visitar el pueblo de El Hatillo o el Junquito entre otros, pasar por la Ciudad Universitaria, el Museo de los Niños es como revivir esa infancia, como olvidar que mis primeros pasos de salsa fueron dados en los sitios nocturnos de Caracas, la energía que se sentía al caminar por el Paseo Los Próceres, los conciertos que presencié en el Parque Los Caobos, el cierre de la Avenida Cota Mil los domingos para hacer caminatas, ver a los jóvenes hacer piruetas con patinetas, pasear por el casco de Chacao, comprar ropa en Sábana Grande, el Mercado de El Cementerio y el Mercado Guaicaipuro, lo más ricos chocolates calientes me los tomé en Paseo Las Mercedes, tomarle fotos a la estatua de la reina María Lionza que está en plena autopista. La primera porno que vi fue en el Cine Urdaneta, las mejores rumbas las tuve en el San Ignacio y en Las Mercedes, ver desde algún punto alto el valle de Caracas de noche, y lo que más disfruté fue haber conocido La Guaira y darme un baño en el mar. Una oportunidad que no pude tener una segunda vez.

Todas estas experiencias vividas en mis años de juventud, sin redes sociales, ya que para ese entonces no existía más que el Messenger de Hotmail, a diferencia de como existen hoy en día en esta era digital. Conocí Caracas como quise y cuanto quise conocer, me parecía que era lo máximo en su máxima expresión prestándose para caminar. Agradecido con todos los amigos que llegué a hacer porque gracias a ellos tuve grandes experiencias en cada viaje.

Luego de Caracas fuí a Maracay donde disfruté una noche grata en el parque llamado El Ejército (Las Ballenas). Visité centros comerciales, clubes y seguí hacia Valencia.

El boulevard de los restaurantes, el sitio más agradable que me pareció ver. El Sambil de Valencia y me quedé con ganas de recorrer sus múltiples parques, en especial el Parque Casupo.

Influenciado por mi madre y sin ella saberlo, porque fueron estos tres lugares los que escuchaba nombrar en casa cuando ella viajaba a comprar mercancía (Caracas, Maracay, Valencia) para luego revender en el pueblo. Lo que ella recorrió para comprar mercancía y venderla, yo lo recorrí por disfrute.

En febrero disfruté del mejor carnaval de Venezuela en El Callao, lugar donde mi madre viajó en varias oportunidades para comprar oro.

Ver la inmensidad del río Orinoco en Ciudad Bolívar, visitar a amigos en Tucupita, Delta Amacuro.

Tomarme una botella de *whisky* a los pies del monumento a San Juan. Ver el amanecer en los Morros de San Juan.

Pasar por la Puerta de Los Llanos y apreciar el Monumento Natural Arístides Rojas. Pasando al propio Guárico, para seguir recorriendo y conociendo.

De Mérida, siempre lo he dicho, solo conocí cuatro calles y una plaza.

Los mejores viajes de playa con mi padre fueron a Cumaná, estado Sucre.

Como olvidar la experiencia vivida en Yaracuy, San Felipe, donde el espiritismo se hace sentir en Chivacoa.

Pasar por el Fuerte de San Felipe y rezar en la imponente Catedral de San Felipe.

Sin poder volver para disfrutar del turismo que nos ofrece y aún con ganas de disfrutar de un vuelo en parapente, algo que siempre quise hacer sin llegar a tener la oportunidad.

Todos estos recorridos a tan corta edad y sin redes sociales, siendo un joven de pueblo. Y que la gran mayoría no solían salir más allá del mismo estado.

Cruzar el lago de Maracaibo una gran experiencia que nunca olvidaré. Llena de miedo y emoción al mismo tiempo.

El primer libro que compré en mi vida fue una guía turística. Creada por una mujer que ya había recorrido todos los rincones de Venezuela. Cómo olvidar el día que hice esa compra si fue como revivir todos mis viajes mientras iba marcando los lugares que ya había recorrido y a la vez dejaba notas de los que quería seguir recorriendo. Para mi fue una gran compra que siempre me acompañaba a donde quiera que iba, queriendo conocer a su autora personalmente para dejarle saber que su libro era lo máximo para mí. Me sentí muy identificado con el libro ya que me mostraba los múltiples viajes que había hecho sin tener la oportunidad de guardar recuerdos fotográficos. Fue en ese momento que nació mi amor por la fotografía. El libro fue una guía bien práctica para saber qué más me faltaba por recorrer, pensaba que viajaría mucho más al estar mejor informado, pero pasó lo contrario.

Logré compartir y hacer grandes amistades en las tres clases sociales, clase baja, media y alta. Es algo que existe en Venezuela y es notable, pero donde comía un pobre podía estar comiendo, al mismo tiempo, un gran empresario. Esa calidad humana me gustaba. Me enseñó a mí, a que no me importara compartir con todos por igual. Con grandes empresarios, obreros, políticos, lo que importaba era el comportamiento y el respeto que se debía tener, disfrutaba también de sentarme a hablar con personas de la tercera edad. Cuando se tiene esa capacidad de compartir con todos por igual te abre puertas que pueden estar muy bien selladas para otras personas.

Con tan solo 24 años ya era socio de una cooperativa, tenía un ingreso con otra sociedad a título personal con un amigo, todo ese recorrido por Venezuela y un año más tarde me hice socio de una clínica estética donde me había practicado una cirugía, trabajaba para una amiga que me brindó su experiencia en el mundo de los negocios y de cómo trabajar con la banca privada. Para ser un joven que salió de un pueblo sin un modelo a seguir, más que las ganas de surgir superándose, a tan corta edad ya sabía lo que era tener tarjetas de crédito, ser cliente VIP en un banco privado y, en otro, cliente GOLD. Nada humilde, pero yo no presumía ni ostentaba, a mi lo que me gustaba era andar viajando, conociendo y teniendo mis propias experiencias.

A pesar de tanta calle y tanto recorrido, la casa de mis padres siempre seguía siendo mi casa. Era donde volvía cuando ya no estaba viajando ni trabajando. Un día compartiendo un almuerzo con mi madre y hablando de todo un poco, le escuché decirme que yo tenía más vivencias a mi corta edad que lo que ella había vivido a su larga edad, y me hizo entender que tenía que darle más amor a ella y a mi padre y así lo empecé a hacer desde ese momento.

En este punto de la lectura quiero que respondas con toda sinceridad, y no para mí sino para tí mismo, ¿sabes lo mucho que te puede costar no disfrutar de tus propias experiencias, esas con las que tanto sueñas y que habitan en tu propio ser?

Mis padres ya no contaban con las mismas tierras para sembrar. Luego de que mi madre fuera operada hubo un bajón económico en casa muy notable, aún conservando algunas de las maquinarias que tenían para trabajar. Otras, mi padre las había dejado en una finca sin saber, hasta hoy en día, bajo que condiciones. También perdieron un carro por la falta de responsabilidad de pagos. En realidad, fue notable la falta de mi madre al no poder estar de pie y acompañar a mi padre en los negocios. Los dos formaban un buen equipo, aunque ella no le enseñó a tener responsabilidad en casa, ni un aporte de 50% como debió ser desde un inicio.

Las pocas maquinarias que les quedaban las vendieron para darme parte del dinero que yo necesitaba para una nueva inversión. Si algo he tenido yo es buena mano para trabajar, para evolucionar, para ver las oportunidades donde muchos no las ven, por algo he logrado hacer de mi vida un mundo de experiencias y no el carcelero de una propiedad.

Oportunidad de negocio

Una oportunidad de negocio es un arreglo de negocio donde el vendedor proporciona bienes o servicios por una cuota inicial para equipar al consumidor final. Según mi experiencia la base de creación y aprovechamiento de un nicho de clientes es identificar las necesidades que se encuentren parcialmente resueltas, o no resueltas en su totalidad, con esto les quiero decir que así estén atendidas dichas necesidades o problemáticas, a veces los consumidores no están siendo agradados o satisfechos.

La mejor forma de ver las oportunidades de negocio es saber identificar las ineficiencias en el mercado. Identificando frustraciones no resueltas en las áreas de mercado, qué se puede mejorar para así ofrecer una mayor satisfacción a los clientes con productos o servicios. Lo que diferencia las necesidades de una frustración es el nivel de intensidad, cuanto mayor sea la frustración es mayor la probabilidad de que el consumidor final pague el precio que se le sea presentado.

La tecnología es lo que transforma más rápido el mercado. La tecnología o sus productos, como por ejemplo, los teléfonos móviles, nuevos equipos para las industrias en todas sus áreas, el uso de las aplicaciones que encontramos a disposición, entre otros que están presente. Piensen en cómo se retiraba el dinero en el pasado y miren los cajeros automáticos de hoy en día. Algo que no era pensable hace tiempo. La tecnología hoy en día lo esta haciendo viable para nosotros en esta nueva era digital.

Si donde estás no nace alguna idea de negocio, nada mejor que viajar ya que te ayuda a abrir la mente. Verás nuevos entornos y así compartirás las ideas con nuevas personas, irás viendo lo que funciona en otro lugar, bien sea dentro o fuera de tu país, puedes llevar tu producto o servicio a otra plaza o copiar modelos y renovarte en tu misma plaza.

Nos merecemos recibir todas las oportunidades que nos sean presentadas en la vida, solo está en uno mismo saber aprovecharlas tomando lo que puedes tomar y dejando ir lo que sabemos que no es para nosotros.

Debemos saber entender que las oportunidades que nos ofrecen otras personas no pueden ser un desenfoque de nuestro camino. Al morir un hermano de mi madre, entre la herencia que dejó, estaba una finca la cual la viuda se la ofreció muy armónicamente a mis padres, ellos hablaron conmigo ya que yo era quien andaba entre bancos y préstamos, y tenía conocidos en diferentes instituciones públicas y privadas. Nos la dejaba con la condición de un pronto pago. Mis padres me hicieron todo un planteamiento, haciéndome referencia mi madre de que era algo que dejó su padre al morir y ahora su hermano y que a ella le gustaría quedársela, contando con el apoyo de mi padre y el entusiasmo de mis hermanos, para trabajar todos unidos en el levantamiento de esta. Les dejé saber que mi dinero estaba invertido con un amigo y aún no estaba viendo ganancias. Les planteé que mis prestamos en la banca privada serían para invertir inicialmente y que para pagar esa finca tendría que ser al recibir un préstamo de la banca pública que maneja una tasa de interés más bajo. Así se lo dejaron saber a la viuda y llegaron a un armónico acuerdo. Fueron múltiples proyectos los que realicé de forma profesional, tal y como lo exigían para ese entonces las instituciones públicas agrícolas y ganaderas para poder optar a préstamos con dichas instituciones. Hice muchos viajes a Caracas, que era donde se encontraban las sedes principales.

Sin lograr obtener una respuesta positiva entre tantas solicitudes, cada vez eran más y más papeles, permisos sanitarios, de habiente, inspecciones, todo un gasto de tiempo, dinero y ni hablar del desgaste físico, compensando el mismo con la satisfacción de seguir conociendo personas nuevas, viajando y aprovechando para seguir recorriendo mi país en la búsqueda de todos los requisitos necesarios. Para poder comenzar la producción inicial realicé la petición de un préstamo en la banca privada y, a su vez, las tarjetas de crédito y así empezamos a trabajar en la cría de pollos, cochinos y vacas, mientras seguíamos buscando un crédito mayor con el gobierno.

Lo que les puedo decir es que el desgaste físico que tuve en tan corto tiempo fue notable, llevar las riendas de una finca y echarla a andar no es nada fácil con tan bajo presupuesto, y es en ese momento que nace mi refrán: *que aquello que los demás ven como una oportunidad, para uno puede ser una pérdida de tiempo o desvió de nuestro camino.*

Muchas veces no nos atrevemos a decir que no por un apego sentimental, como fue el caso de mi madre, o por simplemente probar, "quien quita y tenemos suerte" he escuchado decir a muchos, pero si sabes lo que quieres y sabes el camino por el que tienes que transitar tienes que aprender a decir que no. Porque el enfoque de poder y el tiempo es muy importante que lo sepas manejar siempre a tu favor.

Yo, ya me encontraba viviendo fuera del pueblo e incluso estaba formando un camino en el estado del que me enamoré a orillas de la playa, y regresar a apoyar a mis padres en ese proyecto fue todo un retroceso, que no lo veía así en ese momento porque debía tener esa experiencia para aprender de ella y, aparte, tenía a mis padres y a mis hermanos esperando para trabajar unidos. Finca que terminé vendiendo a un hermano de un activo del gobierno en ese momento. Cubriendo la deuda con la propietaria y quedando yo con las deudas del préstamo personal, y tarjetas de crédito, pero feliz de liberar cargas.

Muchas veces nos aferramos a cosas materiales o a proyectos que no tienen nada que ver con nuestro enfoque, metas y objetivos. Simplemente por darle gustos a otros. Cuando tenemos un camino por recorrer debemos entender que no todos los seres que están a nuestro alrededor nos podrán acompañar o entender, llámense amigos o familiares.

Antes de haber tomado las riendas de esa finca ya había tenido la experiencia de haber salido del país en varias oportunidades. Pasaporte en mano, pasaje comprado y dólares solicitados, porque si algo teníamos los venezolanos era la oportunidad de adquirir dólares para viajar o invertir. Sao Pablo, Manaos, Colombia, como olvidar esos viajes a Brasil. Panamá, Curacao, Chile, como olvidar la experiencia de haber llevado a mi madre a conocer la mitad del mundo en Ecuador. Mi primer viaje a Estados Unidos, solo y sin hablar inglés, entrando por Houston. Las ganas de volar lejos y de conocer te hacen vivir, sentirte libre de elegir. De Houston pasar al estado de Florida y disfrutar de los parques de Disney y los centros comerciales. Fue mi primera experiencia de comprar sin necesidad alguna, comprar tantas cosas solo por comprar y comprar. Fueron dos maletas completamente llenas con las que regresé a Venezuela. Con muchos regalos para mi familia, y como buen hijo de su madre otras para vender. Viajes a Panamá uno por compras y otro para pasar navidad.

Ya sin finca, retomando la vida de la ciudad y proyectándome con grandes amigos para ser proveedor de la empresa Polar la cual había conocido de niño en el plan vacacional, logramos recibir un contrato para hacer los recuerdos de la celebración del "65 Aniversario Planta Oriente". Yo ya estaba en el negocio de la sublimación, creciendo con equipos. Ese contrato fue una gran oportunidad que afronté con mis amigos, inversión de dinero, tiempo y compra de nuevas máquinas, día y noche trabajando, para mi era normal trabajar bajo presión y sobretiempo. Es algo que se me da muy bien desde muy temprana edad: trabajar. Aprendí a afrontar grandes retos en las tantas empresas por las que pasé y fue un gran trabajo cumplir con ese encargo cubriéndolo con éxito en el corto tiempo que teníamos.

Luego de culminar ese trabajo volví a viajar solo, meses después, a Orlando, Florida para pasar navidad, ya que solía pasarla fuera de casa y volver para recibir año nuevo en familia.

Al pasar año nuevo, comencé a estudiar sobre la sublimación armando esa empresa y viendo todo lo que podía hacer, continuaba creciendo con equipos de trabajo. Ya contaba con mi madre, una amiga fue a la casa a darnos un curso y a prepararnos más, ya era socio de la clínica estética y había comprado pasajes para la Isla de Margarita porque quería ver otras posibilidades de negocio, abrir una venta de agua potable y ya tenía el proyecto de forma digital. Aprender y emprender. Las oportunidades se dan cuando las buscamos y nos enfocamos. Con pasaje comprado, hotel pago, cita con un gerente de la banca privada pautada en la misma fecha del viaje.

Yo seguía produciendo con lo que me gustaba hacer, y viviendo en la ciudad recibí otra oferta más de un pasaje a Florida y lo compré, viajando un mes antes de mi cita en Margarita me vine. Tenía tiempo pensé, pero sorpresa lo que me pasó. No salí de mi pais con la intención de emigrar ya que me encontraba en mi mejor momento. Pero el amor tocó mi puerta y me dijo "te quedas o te quedas". Sin tener más opciones que tomar una decisión ¿saben qué? Decidí quedarme, poniendo en una balanza lo material que estaba logrando y volver a tener una nueva experiencia en el amor. Siempre debe ganar el amor y hoy agradezco esa decisión. Son muchas más, las experiencias que he vivido acompañado, ya no de amigos ni familiares, sino con quien hoy me complementa de forma amorosa, formándome en este nuevo país, aprendiendo para seguir avanzando. Una cultura completamente diferente a la propia, todo un choque económico y emocional, el cambio, pero lleno de grandes retos. Es así como nace mi nuevo refrán: *todo cambio es doloroso por muy bien acompañado que estés*. Recordándome que la batería del control remoto trabaja con sus dos polos positivo y negativo.

Hoy en día, cuento con grandes vivencias. Múltiples viajes dentro de los Estados Unidos, afrontar el aprendizaje de esta cultura, romper con mi trauma causado por el profesor de inglés. Mi primer libro fue escrito aquí en este país, pero lo llevé a Venezuela para hacer todo el proceso legal y de impresión, es la manera que tengo de darle las gracias a mi país de origen. Viajé a Europa, pasé la navidad en París. Hacer el Curso de Milagros me hizo romper con sentimientos que me causaban daños físicos y emocionales, darle mayor importancia a la meditación, certificarme como instructor de spinning, hacer mi página web donde encontrarás mi pronunciación y tener más ganas de seguir avanzando. Quizás sea poco para muchos, pero para mí son grandes pasos al saber de dónde vengo, la falta de oportunidades con las que contaba, pero con la mayor disponibilidad para seguir tomando las oportunidades presentes en mi camino.

No solo fue la oportunidad del amor la que tuve, sino que al poco tiempo la crisis económica y humana tomó mayor auge en mi país, al ser gobernado por un narco gobierno al que solo le importaba aprovecharse de la riqueza del país, llevando el pueblo a la ruina en lo humano y, a su vez, en lo espiritual. Porque si algo tenía Venezuela es que le daba y le dará la oportunidad de crecer a quien de verdad quiere hacerlo. Todo en la vida tiene su trabajo, su sacrificio, y si no estas dispuesto a afrontarlo la vida terminará decidiendo por ti y no tú por ella. Venezuela es el claro ejemplo de que las redes sociales son un medio muy activo e importante en nuestra sociedad. Es el medio de comunicación que hemos tenido los venezolanos para mostrar la verdadera noticia en tiempo real y dejarle ver al mundo entero lo que estaba pasando dentro del país sin ser censurado, como los medios de comunicación tradicionales.

Con tan solo 29 años y todo este recorrido. Mi cuenta en Facebook la abrí, apenas, en el año 2010. Estamos hablando nueve años después de que fue creada. Mis primeras fotos en su gran mayoría totalmente antiestéticas, a diferencia de las de hoy en día que son más profesionales y tienen el objetivo de vender mi producto o servicio de mi pronunciación personal o la de alguien más. Para llegar a tener mejores resultados con los clientes o consumidores finales hay que ofrecer una buena credibilidad, confianza y opciones a elegir.

Mi cuenta en Instagram fue abierta el 31 de octubre del 2016 y es la que hoy manejo de forma profesional para dejar ver parte de mi vida diaria y promover mi trabajo.

Evolucionar, aprender, avanzar y emprender para vender. Algo que debemos tener claro en la vida es que si deseas **Ser y hacer de ti tu propia pronunciación** debes saber que tendrás días duros y otros más duros. El camino al éxito no es un camino fácil, pero tampoco imposible de transitar.

Como *Social Media Manager* o simplemente como *Influencer,* que es el camino que hoy me encuentro recorriendo, debemos estar cada día en constante aprendizaje para seguir creciendo. ¿Por qué complicarnos la vida queriendo saberlo todo, si podemos comenzar por ir aplicando lo que ya sabemos, mientras vamos aprendiendo y emprendiendo más? Si estas en el mundo del emprendimiento tienes que tener claro que debemos estar activos en un constante aprendizaje. El mercadeo en las redes sociales es cambiante y está en constante evolución. Es aquí donde debemos enfocarnos y ofrecer lo que sabemos **ser y hacer** mientras nos seguimos preparando en nuestra pronunciación personal o profesional. Cuando no estemos conforme con lo que tenemos en nuestro entorno no perdamos nuestro enfoque al querer cambiarlo, debemos aprender a movernos nosotros.

Como no amar a mi Venezuela si nos brinda las oportunidades de **ser y hacer** de nosotros lo que queramos hacer, solo debemos ir con todo por lo que nos pronunciemos.

Venezuela es un país ubicado en la parte septentrional de América del Sur, constituido por una parte continental y por un gran número de pequeñas islas e islotes en el mar Caribe, siendo el lugar de mayor concentración urbana la ciudad de Caracas o Distrito Capital.

Su límite está muy cerca del ecuador terrestre, haciendo que forme parte de la zona intertropical. Sus límites geográficos son: al Norte, el Mar Caribe; al Sur, Colombia y Brazil; al Este, Guyana y al Oeste, Colombia.

La historia de Venezuela se remonta al poblamiento del territorio por las migraciones amerindias, más la historia escrita del país comienza con la llegada de los primeros españoles a finales del siglo 15 y se conformó como estado en 1777 a partir de la Capitanía General de Venezuela.

Poseé una gran historia desde el 5 de julio del año 1811. Iniciando con la época precolombina, seguida de la época colonial:

Independencia

Gran Colombia

Caudillismo y Guerra federal

Guzmancismo

Hegemonía tachirense

Dictadura de Marcos Pérez Jiménez

Retorno a la democracia

Fin del bipartidismo

Desde el 2013, la gran crisis económica y humanitaria

En 2019, la gran mayoría de la población luchába por dejar entrar la ayuda humanitaria ofrecida por los Estados Unidos y otros países vecinos, a la vez que pedía la celebración de elecciones libres y transparentes, el cese de la usurpación y un gobierno de transición. Esta es la demanda que tiene un 95% de la población Venezolana.

Como no amarte, mi Venezuela si tu calor humano y calidad territorial nos hace ser felices dentro de ti, contando con el salto de agua más alto del mundo —Santo Ángel con 979 metros—, tus llanos, ríos y montañas, flora y fauna. No fue suerte nacer dentro de ti, fue un honor el que tuve y lo digo con orgullo donde quiera que me encuentre: SOY VENEZOLANO, hijo de padres agricultores que le aportaron alimento al país con sus múltiples cosechas.

Aprovecho y hago un llamado a todos los que han llegado a este punto del libro, a reflexionar sobre el uso del internet y las diversas aplicaciones y redes sociales, bien sabemos que estamos en la nueva era, pero no debemos dejarnos llevar por ella del todo y dejar a un lado lo humano, la educación que recibimos desde muy temprana edad, las reglas del buen hablante y del buen oyente, saber convivir con nuestros amigos y familiares, desconectarnos un poco del mundo virtual donde podamos sentir el calor humano para **ser y hacer** feliz.

Que tu desarrollo personal, en lo humano y espiritual, sea mucho mayor que todo el dinero que quieras tener.

Una experiencia más sobre el por qué debemos aprender. Autoeducarnos es saber entender que no es solo buscar solucionar algo, sino saber como mantener la solución. Luego de haber adelgazado y estar un poco más en forma decidí hacerme una lipoescultura al cumplir la mayoría de edad, el resultado de la misma fue notable desde el primer día, un abdomen completamente plano, una autoestima muy elevada. Después de ser un gordo no muy simpático, verme en forma y con un abdomen soñado era algo que no veía en mi grupo de amigos y familiares, abdomen que fui perdiendo dos años después porque seguía teniendo los mismos hábitos alimenticios. No me autoeduqué en como debía tener un nuevo régimen de alimentación. Entonces, no es solo cómo resolver o satisfacer una necesidad, sino también aprender a mantenerla con el paso del tiempo.

Este libro está dirigido a todo público, pero en especial, a quien quiere ver el cambio manifestado en su vida al encontrar su verdadero

ser y hacer. El cambio a partir del aprendizaje, el encuentro de lo que realmente nos apasiona escuchando la voz interna que viene del corazón, marcando con firmeza las metas y los objetivos que se quieren alcanzar a corto, mediano y largo plazo. Para eso es necesario fortalecer los conocimientos. Aprender y emprender.

Siempre encontraremos preguntas dentro y fuera de nosotros mismos, preguntas que debemos saber responder, porque si sabemos con cuantas piezas estamos armando nuestro camino no temeremos ni dudaremos ante las dudas que se nos presenten. Sobre todo porque vivimos dentro de una sociedad que no se queda callada. La autoevaluación es fundamental ya que de ella obtendremos respuestas que no encontraremos de forma externa.

Realizarnos una serie de preguntas, y responderlas, nos facilitará dar respuesta a otras preguntas similares.

¿Cuál es tu misión de vida?

¿Estoy consciente de lo que estoy viviendo y cómo lo estoy viviendo?

¿Estoy siendo honesto conmigo mismo?

¿A mi edad he logrado vivir lo que quiero y estar como quiero realmente?

¿Mis sentimientos, mi creencias, mi manera de ver las cosas son positivas o negativas?

¿Estoy enfocado?

¿Soy completamente valiente, tengo bondad y respeto para ir por mis metas y objetivos?

¿Sabré yo cuáles son mis fortalezas y mis debilidades?

¿Por qué y para qué debo dar lo mejor de mí?

¿Qué quiero recibir de los demás, de la vida o de mí mismo?

*Organízate y organiza tus ideas, es una buena manera de iniciar el cambio permitiéndonos aprovechar mejor nuestro tiempo en lo personal, empresarial y social, recuerda que mientras más nos conocemos llegaremos a **ser y hacer** mejores seres humanos con nosotros mismos y con la sociedad en la que vivimos.*

Un extra para tí

Comienza tu negocio como *Social Media Manager* o como *Influencer* y trabaja tus redes sociales donde quiera que te encuentres.

No es más que saber quién eres tú, de dónde vienes y a dónde quieres llevar tu pronunciación personal o empresarial.

Hoy en día, todo negocio necesita de la publicidad, es aquí donde entra el trabajo de un *Social Media Manager* ya que vivimos en la nueva era, la era digital donde la tecnología tiene a todo el mundo conectado, por ende, los negocios necesitan conectarse con el mundo. Por Instagram se comparten millones de fotos diarias, millones de mensajes se leen por Twitter, más de mil quinientos millones de usuarios se encuentran en Facebook; YouTube nos enseña desde cómo cambiar un bombillo hasta cómo resolver un problema matemático. Empieza a promover tu producto o servicio, o el de alguien más, donde te sientas más cómodo y donde fluya tu pronunciación de forma personal o profesional. La mejor herramienta del mercado en el presente son las redes sociales, dejando de lado las páginas amarillas, el periódico, los volantes, la radio y la televisión.

El *Social Media Manager* se encarga de dirigir lo que hay que hacer y cuando se tiene que hacer, llevando las estadísticas de los alcances logrados en las redes sociales de cualquier negocio bien sea pequeño o mediano, mercadeando por internet, utilizando estrategias para conectar el negocio con los prospectos que serán clientes, consumidores del producto o servicio a ofrecer. Hoy en día encontramos una gran población muy activa buscando por internet más que por los medios tradicionales del pasado.

No solo se debe subir una foto, dejar un mensaje o manejar un video, es hacer una campaña, crear una buena estrategia de mercadeo utilizando las muy activas redes sociales para que el producto o servicio tenga una salida exitosa en el mercado.

En conclusión, hacer ganar dinero es la meta de un *Social Media Manager* o del *Influencer* porque todo es llevar a mayores niveles de venta lo que se vaya a promover. Los dueños de negocios están poco prestos para manejar las redes sociales y están dispuestos a pagar para que sea un *Influencer* o un *Social Media Manager* quien les maneje su publicidad. Tú puedes ser uno de ellos.

Mercadeo digital, redes sociales, responsabilidades de un *Social Media Manager* o *Influencer*, servicios ofrecidos, seguimiento del mismo, evaluar el resultado final y, sobre todo, despertar el **Ser y hacer de ti tu propia pronunciación** es lo que debes aprender en el recorrido por el presente libro. Ahora queda de tu parte seguir aprendiendo para que sigas emprendiendo, recuerda que pagar para autoeducarnos siempre será la mejor opción que tengamos en la vida para avanzar. Invertir en ti es sacár más provecho de tu talento para pronunciarte de forma personal o como profesional.

Todas nuestras experiencias de vida nos dejan saber una sola cosa, que toda fuerza negativa tiene su lado positivo.

Pronúnciate
como *Social Media Manager* o como *Influencer*

Todo comienza dentro de ti

Pronunciarse no es nada fácil, ya que debemos romper el silencio, salir de la oscuridad y hacernos notar de forma personal o empresarial, así debemos alcanzar el éxito con nuestra mejor versión como *Social Media Manager o de Influencer*.

Formándose como su propia empresa, manejándose con métodos y procesos para atraer a sus futuros clientes, el pronunciado debe tener una actitud positiva, una mentalidad adecuada que le permita avanzar y progresar para materializar nuevos proyectos. No es solo tener las ganas, sino aprender y emprender tomando acción. Si alguna vez te has visto ganando mucho dinero con tu pronunciación, ya tienes el primer requisito que es tu propio deseo, lo que será tu motivación para emprender tus sueños y hacerlos realidad. Ser empresario, no es una carrera universitaria, es un proyecto de vida.

Estar pronunciado cambiará totalmente tu vida, ya que será tu nuevo proyecto y una manera diferente de ver las cosas desde otro punto de vista, sin volver a estar en la oscuridad y el silencio. Sal de donde estés sin complicarte la vida, comienza con lo que sabes hasta que logres aprender y así iras avanzando. Lo importante es dar el primer paso.

*Define metas y objetivos para **ser y hacer de ti tu propia pronunciación**, con un buen enfoque, manejando bien tu tiempo e incluso invirtiendo en seguir auto educándote.*

Toda empresa, negocio, producto o servicio empieza con un pensamiento que puede tener cualquier persona: yo, tú, él, ella. No veremos en el mercado un negocio sin persona, ni una persona sin un plan de negocio. Así que te invito a desempolvar esos planes de negocios que tienes guardados en tu mente y a que te atrevas a dar el primer paso para crear tu propia pronunciación. Nadie dice que será fácil, pero, para mi, lo que fácil llega, fácil se va.

Alcanzar el éxito con un negocio, aparte de tener un buen producto o servicio, es tener una buena empresa construida sobre bases sólidas. Debemos tener claro que dar un buen servicio al cliente debe ser la prioridad, y formar parte de la misma empresa es la manera más viable de lograr mayores ventas, las cuales nos llevarán a alcanzar las metas y los objetivos deseados.

Cuando la visión de la empresa está pronunciada esto se verá desde cualquier punto cardinal, ya que tu pronunciación, hoy en día, cuenta con las muy activas redes sociales. Estamos viviendo en una nueva era, la era digital, y eso hay que aprovecharlo a favor de nuestra pronunciación como *Social Media Manager* o *Influencer*.

Tener la mentalidad universitaria te lleva a ser un empleado exitoso o promedio, pero tener la mentalidad empresarial te lleva a ver la vida desde otro punto de vista, así sigas siendo un empleado de tu propia empresa o de la de alguien más.

La mentalidad empresarial es la que se presta a buscar el éxito sobre cualquier cantidad de horas y obstáculos que se puedan presentar, su visión es construir, avanzar y progresar con actitudes que le permitan desarrollar destrezas, sacando provecho de sus virtudes, motivando a los que tenga a su alrededor y, sobre todo, asumiendo los riesgos para materializar los proyectos, los cuales darán resultados económicos y así poder ofrecer un buen producto o servicio al público.

Pero no es solo pensar y tener las ganas, es tener la disciplina, estar motivado, cumpliendo las metas y objetivos —propuestas por uno mismo— sabiendo a dónde se quiere ir con nuestra pronunciación personal o empresarial. Depende de uno mismo iniciar nuestro propio negocio, así como también depende de uno mismo obstaculizar nuestra pronunciación en él. Organiza el tiempo para aprender, porque aprender es emprender y solo así avanzarás con bases sólidas.

Por esa razón te encuentras aquí. Para aprender cómo pronunciarte como Social Media Manager *y hacer bien tu trabajo como* Influencer.

Si esperamos a saberlo todo, nos faltará vida para aprender y nunca nos arriesgaremos a dar el primer paso para lograr nuestra pronunciación personal o empresarial; por eso te invito a iniciar con lo que sabes mientras te sigues preparando en el camino que tomes. Si vemos como ha evolucionado la rueda, y la manera de comunicarnos, esto nos muestra una sola cosa: que todo consiste en dar el primer paso. Porque quien diseñó la primera rueda en la prehistoria, no sabe cuan avanzada está hoy en día. Aprender y emprender es el camino a seguir.

Rueda antigua de piedra de molino

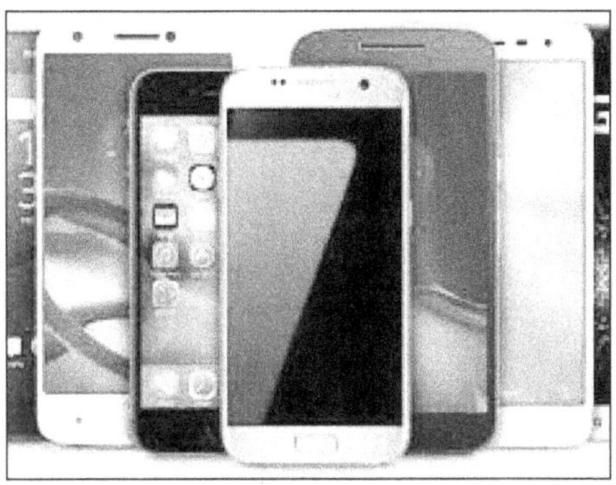

Variedad de teléfonos celulares

Solo depende de ti lo que emprenderás en lo personal o empresarial. No sigas comparándote con los demás y actúa. Empieza buscando dentro de ti ese algo que tienes y que aún no estás explotando. Todos tenemos un talento que nos hace **ser y hacer** diferentes. Desarrolla aún más la destreza de comunicación que tengas para la nueva era, la era digital. Es muy importante darnos a conocer como dueños de negocio, ya que el público alcanzado, el mismo que será el consumidor final de tu producto o servicio, deseará saber quién está detrás de la pronunciación; por esa razón debemos crear buenos contenidos para darnos a conocer en las muy activas redes sociales, y así posicionar nuestra pronunciación como *Social Media Manager* y hacer bien nuestro trabajo como *Influencer*.

El primer paso lo debes dar solo tú

Al decirte que el primer paso lo debes dar tú es porque solo depende de ti tomar acción para ***ser y hacer de ti tu propia pronunciación***.

Toda construcción inicia con un pensamiento, luego pasa a los planos —papel y lápiz—, seguido de la ubicación en un terreno para así iniciar a construir. Debes empezar con bases sólidas para poder construir con miras a un buen crecimiento y desarrollo.

Preguntas que debes responder:

1. ¿Por qué y para qué quieres pronunciarte de forma personal o empresarial con tu propio negocio?
2. ¿Cuál es tu verdadero plan al pronunciarte con tu propio negocio?
3. ¿Cuáles son tus metas y objetivos con tu pronunciación personal o empresarial?
4. ¿Qué deseas hacer una vez que estés pronunciado con tu negocio de forma personal o profesional?
5. ¿Dónde te visualizas una vez ya pronunciado?
6. ¿Qué estás dispuesto a afrontar para ir detrás de tus metas y objetivos, y para **ser y hacer de ti tu propia pronunciación**?

El limite solo depende de ti. Todo éxito ha tenido su camino lleno de altos y bajos, con muchos sacrificios, antes de llegar a ser un éxito pronunciado. Solo si te dispones a recorrer el camino, vas entonces en el camino correcto, el cual no tiene atajos, ni sabe de tiempo y —mucho menos— de excusas.

Todo por escrito es mejor. Recuerda el ejemplo que te di de la construcción. Antes de empezar a construir se hizo el diseño sobre planos.

Comienza dando las gracias "antes, durante y al estar completamente pronunciado".

Ser agradecido en el camino de aprender y emprender te llevará a **ser y hacer de ti tu propia pronunciación** personal o empresarial como un profesional cualificado y no como un aficionado, ya que aprenderás el verdadero valor de la vida en general y de aquello que vas a lograr, es decir, lo que serán tus metas y objetivos finales.

¿Para qué voy a ser y hacer mi propia pronunciación?

Primero, dar gracias.

¿Cuál es el resultado obtenido una vez ya pronunciado?

Logro final, dar nuevamente las gracias.

Pronunciarte con tu verdadero **ser y hacer** te dará la libertad y la seguridad deseada por ti, de la mano con los ingresos económicos que estarán sujetos a tus propios límites, los cuales te llevarán a lograr una mejor calidad de vida.

Alinea tus pensamientos, sentimientos y tu espíritu en general con la energía del universo, cuida tu templo —que es tu cuerpo— en tu pronunciación, para que vivas el resultado final, que será la libertad, la seguridad y el progreso deseado.

Así como se encuentran tus energías y tus pensamientos, eso es lo que atraerás a tu vida. Mientras más positivo y feliz vibres, más altas serán tus proyecciones. Por el contrario, si piensas y vibras en negativo, tendrás limites en todo aquello que quieras emprender. Recuerda siempre que toda fe sin acción "no tiene reacción ni positiva ni negativa" y mucho menos si te encuentras esperando un milagro dormido en los laureles.

En conclusión, **ser y hacer de ti tu propia pronunciación** *como* Social Media Manager *y hacer bien tu trabajo como* Influencer *debe ir de la mano con la gratitud y la felicidad, para que tu pronunciación sea vista y obtenida por el público alcanzado de igual manera: feliz y agradecido.*

Las redes sociales

Sitios de internet formados por: yo, tú, él, ella, nosotros, nos permiten interactuar por medio de aplicaciones donde compartimos información personal o empresarial con intereses o actividades en común: trabajo, negocios, publicidad o simplemente amigos y familiares. También nos permiten estar comunicados en tiempo real gracias a la conexión de internet y el vínculo que tengamos los usuarios.

Entre las más usadas encontraremos: Facebook, Instagram, Twitter, Skype, LinkedIn, WhatsApp, Pinterest, YouTube. Existen muchas más, pero vamos a enfocarnos en las que un pronunciado como *Social Media Manager* e *Influencer* debe usar.

Yo me siento mejor identificado con Instagram

Red social y aplicación gratuita para dispositivos Android y iOS que permite a sus usuarios publicar fotos y videos. Ha evolucionado como aplicación por su alta demanda. Hoy en día nos ofrece seguir publicando fotos y videos a las que podemos aplicar efectos como filtros, marcos, variaciones térmicas, colores retro, colocar la ubicación geográfica, y acompañarlos del texto que queramos colocar como descripción del *post*; a su vez, tiene enlaces para publicar el mismo contenido en Facebook, Tumblr y Twitter, nos deja ver las estadísticas de las visitas al perfil y el alcance de lo publicado. Por su alta demanda ahora cuenta con IGTV para publicar videos con más de un minuto de duración y en sus historias pueden observarse una gran variedad de opciones para realizar encuestas, preguntas y respuestas, hora y fecha, locación, *gifs*, cuenta regresiva, cuestionarios, y otros.

Por todo ello Instagram es excelente para conectar con la audiencia y dar a conocer tu producto o servicio. Por pertenecerle a Facebook te permite publicidad más efectiva a la hora de mercadear y solo queda de tu parte ser creativo y dar a conocer tu pronunciación aprovechando esta red social.

Instagram personal o empresarial, solo tú decides cómo usarlo y conectarte a los más de un millón de usuarios activos en esta red para dar a conocer tu producto o servicio creando anuncios desde el administrador de Facebook.

Qué debes hacer

Crear con frecuencia contenido publicitario sobre tu producto o servicio —o el de alguien más— te ayudará a estar pronunciado contantemente entre el público alcanzado. Usa tus historias para mostrar parte de tu día a día, bien sea de forma personal o profesional. De esta manera moverás los sentimientos de las personas, ya que ellas se interesan por saber quién está detrás de la marca, empresa o persona que se está pronunciando.

Vender y vender más. Siempre será el objetivo inicial y también final

Mientras más información le des a tus seguidores, más confianza tendrán de consumir lo que les propongas u ofrezcas. Edúcalos a través de las historias. Que se sientan conectados contigo y a tu vida diaria, a lo que promueves y, sobre todo, interactúa constantemente de forma dinámica para que esa relación crezca y el interés en tu producto o servicio ofertado se mantenga, dándolo y dándote a conocer.

Dar consejos, mostrar cómo y en qué trabajas, realizar encuestas de interés, preguntas y respuestas, mostrar experiencias de consumidores, mostrar interés en saber más de tus seguidores, dejar las historias destacadas en tu perfil de Instagram de forma ordenada y personalizada, siempre enfocado en aumentar el tráfico de tu página web, son las actividades que debes realizar día a día.

Dar el primer paso

Pronunciarte con tu verdadero *ser y hacer de ti tu propia pronunciación* como *Social Media Manager* y hacer bien tu trabajo como *Influencer* no es nada fácil, pero tampoco es imposible de lograr, ya que para lograr una pronunciación personal o empresarial debemos:

1. Crear nuestro producto o servicio a ofrecer.
2. Crear la audiencia y, sobre todo, trabajar en la credibilidad junto a un buen servicio al cliente, para obtener resultados favorables que serán el cierre de la negociación y las ventas.

Todo inicio es difícil, pero tú ya debes dejar de pensar como estás acostumbrado y debes proyectar tu mente hacia el cambio, porque dependemos más de nuestra mentalidad que de nuestro entorno. Aprendamos y emprendamos como empresarios, pronunciándonos como *Social Media Manager* y haciendo bien nuestro trabajo como *Influencer*.

El cambio se ira manifestando con tus ganas y con la toma de decisión para dar acción a tu nuevo estilo de vida, cambiando tu rutina diaria y saliendo de tu zona de confort, ya que pronunciarnos de forma personal o profesional no se logra como logramos un titulo en una universidad, debemos aprender y emprender en el camino que tomemos. Nuestra universidad es la vida y nuestras materias las acciones de nuestro día a día, ya que una vez que nos pronunciemos debemos estar claros en lo qué hay que hacer, dónde se tiene que hacer y cuándo tenemos que hacerlo, e inclusive hacer las cosas cuando no queremos hacerlas.

Decide la visión, el enfoque, las metas, los objetivos para aprender y emprender.

Actitud y mentalidad personal o empresarial

No te compliques la vida para dar tu primer paso y pronunciarte como *Social Media Manager* y hacer bien tu trabajo como *Influencer*. Inicia donde te encuentres y con las herramientas que tengas. La meta es ir creciendo paso a paso, aprendiendo y emprendiendo para lograr una libertad financiera y administrar nuestro propio tiempo.

Ya que el trabajo de *Social Media Manager* te brinda una buena remuneración y hacer bien tu trabajo como *Influencer* también, puedes hacer los dos desde donde quiera que te encuentres, esto gracias a la nueva era, la era digital, y las redes sociales. Dependerás más de tu creatividad, un teléfono móvil con datos y una laptop, que de una oficina con dirección alguna, de tu enfoque y dedicación en las redes sociales, de ir aprendiendo según vayas evolucionando, y de irte pronunciando día a día de forma personal o empresarial.

Enfócate, antes que nada, en ir desarrollándote y no en el dinero, la meta es crear destreza, conocimiento, estrategias y un buen público que consuma tus propuestas, las cuales serán las de tus futuros clientes o tuya en lo personal o empresarial.

Como *Social Media Manager* la cantidad de clientes la decides tú, al igual que su calidad. No es tener clientes por tenerlos y recibir el dinero, es hacer de ti un pronunciamiento profesional y no aficionado ya que tu mayor referencia serán tus trabajos realizados. Muchas veces es mejor dejar de percibir una suma de dinero y mantener nuestro enfoque en paz y tranquilidad donde podamos seguir dando lo mejor de nosotros mismos. Estamos claros en que un mal cliente puede llegar a ser una mala experiencia, pero también puede ser un gran reto, esa decisión solo depende de ti.

Responde para ti la siguiente pregunta: ¿Es por dinero o es por lograr **ser y hacer de ti tu propia pronunciación** personal o empresarial? Saber la respuesta determinará tu éxito final.

Una vez pronunciado, el ingreso monetario lo decides tú:

1. cantidad-mensual

2. cantidad-trimestral

3. cantidad-semestral

4. cantidad-anual

Recuerda que todo inicio es difícil, ya que el talento y el éxito no se consiguen de manera fácil ni se obtienen de la noche a la mañana. Pero en la nueva era, la era digital, es el camino a seguir, solo dependerá de ti y del desenvolvimiento que tengas, las estrategias que trabajes y el alcance que empieces a tener. Todo depende de ti, hasta el tiempo que dediques a emprender para poder lograr tu pronunciación como *Social Media Manager* y hacer bien tu trabajo como *Influencer*.

Saber y tener la respuesta de para qué quieres el dinero y cuánto deseas obtener es una buena motivación que te moverá con mayor rapidez e impulso.

Yo, tú, él, ella

Ser y hacer de ti tu propia pronunciación es el camino a seguir en esta nueva era, la era digital. Podemos ser un *Social Media Manager* y hacer bien nuestro trabajo como *Influencer*. Identifícate con tu verdadera personalidad y promueve tu pronunciación creando tu propio camino. Lleva contigo tu conocimiento, experiencias vividas, contactos, gustos propios, habilidades personales y empresariales, talento, creatividad, valores y principios, compromiso, disciplina, agradecimiento, en fin, todo lo que te defina como ser humano, como ese ser humano que realmente eres: único y especial.

Resalta y promueve tu fortaleza que te hizo dar el primer paso para lograr tu pronunciación mientras sigues aprendiendo para seguir emprendiendo, con una creatividad positiva, ya que ella juega un papel muy importante en el camino de un *Social Media Manager* y de un *Influencer* para poder posicionarse y posicionar a tus futuros clientes. Diseña planes publicitarios con videos y fotografías, todo por escrito. La meta es retornar la inversión que va hacer el cliente contratándote como *Social Media Manager* o como *Influencer*, de forma rápida, positiva y multiplicada.

Identifica en qué eres bueno y comienza a trabajar. Promover, vender, mercadear, todos tenemos un grupo de amigos y familiares por donde podemos iniciar, grupo que está necesitando de nuestro conocimiento y estrategia.

El tiempo, lo más valioso

Es importante saber reconocer rápidamente ese algo especial que está dentro de ti e ir amoldándolo a tu vida diaria para que vaya definiendo la personalidad personal o empresarial que mostrarás en las muy activas redes sociales. Así te diferenciarás con tu verdadero **ser y hacer** para la productividad que se divide en 3 niveles: productividad baja, media y alta, tal como se dividen las clases sociales. Solo depende de ti a qué nivel quieres llegar y mantener tu pronunciación.

Si nos pronunciamos con nuestro verdadero **ser y hacer** nos debemos preparar como profesionales cualificados, esto quiere decir que el tiempo lo manejamos nosotros, por esa razón mi recomendación es aprender a hacer un buen uso del calendario y manejar una agenda con días, fechas y horas que se debe organizar de forma semanal según los planes a seguir, dejando por escrito desde lo más mínimo hasta lo que nos tomará mayor tiempo.

Enfoque y planificación

1. Es mejor llevar todo por escrito.
2. Es importante saber identificar las prioridades y atenderlas siempre en primer lugar.
3. Anotar en tu agenda semanal la búsqueda de nuevos clientes.
4. Crear las campañas o el contenido a publicar de igual manera: semanalmente.

En lo personal, a mi se me facilita trabajar en la creación de contenidos y planificar mi siguiente día con un café y el silencio de la noche. Tanto en lo personal como en lo empresarial, mis mejores campañas nacieron y siguen naciendo durante la noche. En las mañanas, solo doy un repaso y todo está listo para ser propuesto en horas de la mañana.

Un estilo de vida súper saludable, con una buena alimentación, rutinas diarias de ejercicios, reuniones de amigos y familiares, encuentros personales o empresariales, atender futuros clientes, crear contenido, estudiar, todo esto es lo que debes organizar en tu calendario: el día, la hora y la fecha correspondiente y verás rendir tu día, ya que estarás enfocado en los pasos a dar.

Anota el día y la hora de tus actividades, estimando cada una de tus diligencias según tus necesidades y prioridades, tanto en lo personal como en lo empresarial, de forma constante y con mucha disciplina, planificando tu día, tu semana y tu mes.

El tiempo es el mismo para todos, hacer buen uso de él marca la diferencia y nos da la seguridad de tener éxito en nuestro enfoque de prioridades para ser un Social Media Manager *y hacer bien nuestro trabajo como* Influencer.

En nuestro día a día debemos tener la práctica, el enfoque y la disciplina. Comienza por buscar una agenda que llevarás, desde ya, en lo personal y en lo empresarial, no es que vamos a robotizar nuestro tiempo, no se trata de eso, se trata de sumarle días a nuestras vidas y no de restarle valiosos años a nuestra pronunciación personal o empresarial.

Saber llevar un calendario de actividades personales o empresariales, te mantendrá enfocado en lo que tienes que hacer, cuándo lo tienes que hacer, e incluso cuando no lo quieras hacer, también te enseñará a decir lo que tanto nos cuesta: "no puedo", "no quiero", "hoy no", porque sabes que si cambias tu agenda diaria o semanal se alterará todo tu trabajo.

Todo es saber organizarnos. Programar fechas y horas para hacer rendir nuestro tiempo y hacer mejor uso de él. Para ver mejores resultados en tu vida debes dar pasos diferentes, llenos de cambios y disciplina, recuerda que tu sacrificio de hoy es tu éxito de mañana.

Pronunciación personal o profesional

En tu pronunciación personal o empresarial es clave ser productivo y ser creativo, hacer tu propio plan de estrategias, mantener tus metas y objetivos enfocados sin estar perdiendo tiempo para llegar al éxito como un *Social Media Manager* y hacer bien tu trabajo como *Influencer*.

Tu inicio comenzó al tener este libro en tus manos y empezaste a poner en práctica el programa "pronúnciate". Debes ir aprendiendo y emprendiendo en tu nuevo camino. Mientras vayas avanzando en la lectura irás recibiendo mucha más información que debes seguir paso a paso. Todo en la vida cumple con un proceso, y con un tiempo de aprender, para luego emprender ya que eso define el éxito final.

Cabe destacar que la mejor forma de iniciar una semana es sabiendo lo que vamos hacer dentro de ella. En la agenda que tomes para organizarte y planifícate de forma semanal, crea tu lista de prioridades, escríbelas según el día que corresponda realizarlas, su fecha y la hora, desde las más importantes hasta lo más simple que vayas a realizar, tu tiempo programado en un calendario es mucho más productivo.

Razón suficiente para tomar el aprendizaje que te dejará este libro, paso a paso, sin saltar ningún tema. Su orden está estructurado para que te pronuncies como un *Social Media Manager* y hagas bien el trabajo como *Influencer*.

Ejemplo: no puedes lanzar una campaña sin antes concretar con tu cliente o en su defecto sin tener un contenido para ofrecer.

Todo a su paso, aprender y emprender. Yo, en mi agenda diaria me organizo por semanas y siempre coloco horas libres para los imprevistos que llegan habitualmente, siempre dejo una hora para la lectura e investigar más sobre temas que deseo aprender. Mi agenda la sigo junto a la alarma de mi teléfono, de forma que me vaya avisando las prioridades y así no olvidarme de nada.

Ejemplo de lista de prioridades:

1. Definir si tu pronunciación será personal o empresarial.
2. Seleccionar el nombre.
3. Crear el logo, una vez definido el nombre, y darle color.
4. Definir con cuál red social vas a trabajar tu pronunciación.
5. Crear estrategias y contenidos: fotos, videos, textos.
6. Planificar la publicación que debe ser de calidad: día, fecha y hora.

Para seguir avanzando debes definir la primera prioridad e ir llevando las demás paso a paso.

Otro ejemplo que te servirá de mucha ayuda.

1. Hacer una lista de contactos, amigos y familiares.
2. Manejar los clientes en una segunda lista.
3. Hacer una tercera lista con posibles clientes.

4. Mirar en las redes sociales cómo, estos últimos, han manejado sus redes sociales para que puedas crear un contenido de mayor valor e impacto al público.

5. Llevar todo por escrito siempre es más conveniente.

Crear contenido de valor es lo que harás con más frecuencia, siempre que tengas ordenados a tus clientes y sepas que lo que hagas para uno no será lo mismo que le ofrecerás al otro. Un panadero venderá pan y un taller mecánico reparará vehículos.

Social Media Manager

El *Social Media Manager* tiene la oportunidad de manejar cuentas en las redes sociales, para llegar a una población más grande y aumentar las ventas. Debe tener dedicación, enfoque y conocimientos para crear contenido y mantener de forma activa las principales redes sociales: sitio web, blog, Facebook, Instagram, YouTube, Pinterest, LinkedIn, Twitter, Tumblr, entre otras. Debe estudiar y profesionalizarse en cada una de ellas para prestar un buen servicio al cliente con aquella que se sienta más identificado, creando una buena presencia de la persona o negocio y promocionando su contenido.

Pasos a seguir:

1. Crear la presencia de tu producto o servicio personal o empresarial.

2. Crear estrategias promocionales con un buen contenido para las redes sociales y página web.

3. El contenido debe ser creado con fotografías: contenido audiovisual más texto.

4. Atender a los seguidores prestando un buen servicio al cliente, hacer un buen manejo de las campañas creadas y llevar el control de las redes sociales a medir.

5. El posicionamiento de la marca personal o empresarial debe ser satisfactoria para ti y también para tus clientes.

6. Llevar todo por escrito, para actuar bajo los planes que realices para el manejo de redes y la creación de contenido.

Estos y otros pasos más que puedes ir sumando mientras vayas aprendiendo.

Sé que ya leyeron el siguiente texto, pero muchas veces es mejor recordar para no olvidar, por eso, en este nivel del libro les recuerdo lo que es, para mí, ser un *Influencer*.

Todos somos *Influencer* por el simple hecho de estar en las redes sociales e influenciar a una o más personas en alguna toma de decisión. Es causar una influencia. Unos lo hacen a baja escala, otros a media escala y están los que se dedican de lleno, día a día, a explotar su máximo potencial en las redes sociales, pero todos somos *Influencer.* No se trata solo de grandes *Bloggers* que se encuentran generando contenido de forma diaria, o de ese jugador de futbol que factura altas sumas de dinero, o de un famoso hablando de un producto o servicio. Tampoco, de ese político que da su discurso haciendo un llamado a favor, o de la mujer empresaria y madre soltera a la vez... es así en cada una de las áreas que te encuentres desenvolviéndote y lo dejes ver como contenido en tu cuenta personal o empresarial en las muy activas redes sociales

Si nos damos cuenta, las redes sociales están dominando nuestra actualidad y saber manejarlas es lo que marca la diferencia.

1. Al estar pronunciado como *Social Media Manager* debemos ser transparentes con nuestro contenido y hacer bien nuestro trabajo como *Influencer.*

2. Manejar con conocimientos, un buen tono de voz y lenguaje corporal la información audio visual.

3. Las fotografías deben ser de alta calidad.

4. El texto descriptivo, haciendo referencia al *post*, debería estar de forma abierta y no cerrada, así los seguidores se animan a interactuar, bien sea por lo publicado o por el texto.

5. Mantener siempre actividad en las historias, para tener a tus seguidores atentos a cada paso que estás dando de forma personal o empresarial.

6. Estar comprometido con la verdad.

7. Crear tu propia estrategia para presentar tu producto o servicio, o aquel que quieras promover.

La manera de ir creciendo, causar impacto e influenciar a gran escala es definiendo a qué público quieres llegar o hacer llegar tu producto o servicio, educándolos y acostumbrándolos a tus contenidos con una buena interacción. Así, ellos mismos serán los voceros que darán una buena referencia de tu pronunciación.

Estar comprometido y tener responsabilidad

Un *Social Media Manager* o *Influencer,* una vez que inicia el trabajo de alguna campaña personal o empresarial, debe hacer seguimiento para analizar la misma y los resultados que está dando, debe mantenerse en constante preparación intelectual y digital, ya que así puede tener una visión más clara para crear planes de acción con los futuros clientes con quien vaya a trabajar. Crear contenido es lo que más hará un *Social Media Manager* para hacer bien su trabajo como *Influencer* y dar a conocer lo pronunciado.

1. Crear contenido.

2. Dar un buen servicio al cliente.

3. Satisfacer al cliente y a los clientes de tus clientes.

4. Crear planes de acción diferentes para cada persona o empresa.

5. Analizar los resultados de cada plan para conocer el rendimiento del mismo y ver cuál está siendo más llamativo ante el público alcanzado.

6. Mantener la publicidad constante, tanto la tuya como la de tus clientes.

7. Saber **ser y hacer**. Un pronunciado no se detiene por comentarios negativos.

8. Saber y tener claro que esto es un trabajo con el que te debes comprometer y respetar.

9. A mayores conocimientos mayores ganancias.

10. Obtener el mayor aprendizaje de los errores

11. Tener claro que tú eres quien maneja tu tiempo y que tu ingreso dependerá de ti.

12. Enfoque y dedicación, día a día, en los pasos a dar.

13. Tomar las respuestas de tus clientes de forma positiva, sean un sí o un no.

14. Trabajar en tu agenda y manejar tu tiempo de modo organizado.

15. Que tu tarjeta de presentación sea el compromiso, la entrega y la dedicación con buenos resultados

16. Leer, mantenerte en constante desarrollo.

17. Ir por lo que verdaderamente te gusta.

18. Un día a la vez, pero sin dejar que llegue el día siguiente sin vivir el anterior.

El limite está en ti y dentro de ti. La meta es llegar a ser un Social Media Manager *y hacer bien el trabajo de* Influencer *creando contenido positivo que sume y no que reste.*

El inicio

Aprender para emprender de forma enfocada y con disposición de tiempo y espacio, día a día, para seguir avanzando en la nueva era, la era digital, con las muy activas redes sociales que dejaron atrás a los medios de comunicación convencionales. Los dueños de negocios ya están claros de que las redes sociales son la manera de llegar al público y están dispuestos a pagar para que sus productos o servicios sean pronunciados.

Manejar la imagen de una persona o empresa es un gran compromiso, así que debes darte tiempo para crear un buen plan de acción a seguir, ya que eso definirá su pronunciamiento positivo o negativo en las redes sociales.

Qué debemos hacer:

1. Selección de posicionamiento de marca personal o empresarial.
2. Desarrollar los elementos de la marca.
3. Definir el área a trabajar.
4. Crear una buena plataforma digital conectada en diferentes aplicaciones.
5. Preparar una estrategia para las redes.
6. Crear tu plan de contenido.
7. Tener listos paquetes de contenidos a ofertar.
8. El primer cliente es uno mismo. Si no vendes lo que haces ¿cómo venderás el producto o servicio de alguien más?
9. El ingreso lo defines tú, si lo deseas como un ingreso extra o trabajarás a tiempo completo.

Las oportunidades están presentes, más nuestro trabajo es saber reconocer el lugar donde nos encontramos para poder obtenerlas. Internet y las redes sociales están donde yo, tú, él, ella, nosotros estamos.

Recuerden que queda de nuestra parte saber actuar, ya que solo tenemos dos opciones:

1. Lamentarnos por lo que dejamos de hacer.
2. Disciplinarnos para hacer lo que realmente queremos **ser y hacer**.

El mercadeo

Un producto o servicio con un mercadeo tradicional no tendrá la misma salida que con una pronunciación por internet y las redes sociales.

Esto nos hace entender que el mercadeo debe ser prioridad en nuestra pronunciación personal o empresarial ya que el éxito de ventas dependerá de un buen mercadeo productor-consumidor: proceso social y administrativo por el cual pasamos todos por igual, para satisfacer una necesidad intercambiando bienes y servicios.

Una manera de hacer mercadeo es:

1. Saber los deseos, gustos y preferencia de tus clientes.
2. Estudiar la competencia.
3. Crear ofertas atractivas para el mercado.

Interactuar con el cliente para atraerlo a la oferta pronunciada de un producto o servicio propio o de alguien más es mercadeo. El contenido publicitario debe estar enfocado a permanecer en la mente de la persona, llevando a la misma a dar un sí inmediato o un sí a corto plazo. Ofertas, descuentos, rebajas, o como lo quieras llamar es la mejor manera de conectar con las personas para convertirlas en clientes.

Mover las emociones con los contenidos creados de forma educativa, informativa y entretenida es darle un buen posicionamiento a tu pronunciación personal o empresarial para que tus futuros clientes se conecten con la oferta que le vayas a presentar.

Determinar las metas y objetivos junto a tus estrategias

Esto se resume en planificar un conjunto de medios, empleados por una persona pronunciada, para lograr un determinado fin en las redes sociales de forma personal o empresarial, tomando en cuenta que todo negocio, por muy pequeño, mediano o grande que sea, deberá tener presencia en las muy activas redes sociales para lograr sus objetivos de ventas.

Nuestro enfoque como *Social Media Manager* y como *Influencer* es darles resultados a nuestros clientes. Mayores ventas, mayores ganancias. Lograr los objetivos deseados por nuestros clientes será nuestra mejor publicidad personal.

Para crear las estrategias se necesita:

1. Tener las metas y objetivos claros y definidos.
2. Conocer a tu cliente y estudiar los clientes de tus clientes.

3. Crear un plan para lograr los objetivos.

4. Definir el contenido.

5. Crear la imagen del negocio en las redes sociales.

6. Crear las estrategias a usar ante las campañas publicitarias.

7. Medir resultados, analizar los contenidos y reinventar o rediseñar contenidos para no ser repetitivos.

Objetivos

Los objetivos son a dónde se quiere o se desea llegar a través del esfuerzo y el trabajo contante. Plantéate lo siguiente en primera persona:

1. Diseñar un para qué y por qué quiero pronunciarme.
2. Poner en práctica todos mis conocimientos.
3. Establecer cuáles son mis metas y objetivos al estar en las redes sociales.
4. Saber cuáles serán mis clientes y los clientes ideales.
5. Transmitir mi mensaje.
6. Determinación y enfoque serán mis mejores aliados.

Ejemplos de objetivos que te ayudaran a enfocarte mejor

Al estar claro y creando contenidos con tu marca personal o empresarial en una de las muy activas redes sociales, debes seguir avanzando, aprendiendo y emprendiendo. Una página web es una meta para un pronunciado.

También con las metas, los pasos a dar deben ser claros:

1. Identificar las estrategias para cada meta.
2. Establecer las acciones a ejecutar para logar dichas metas y los objetivos propuestos a corto y largo plazo.
3. Detallar una estrategia que mida los resultados de cada *post*.

4. Ir equipándose con los equipos y las herramientas a utilizar.

5. Crear un calendario y agendar todo lo que vas a trabajar y dónde lo vas a trabajar.

Las metas y objetivos de una persona ya pronunciada son dar a conocer su producto o servicio y el de los clientes, esto lo llamamos "posicionamiento de marca". Crear contenido, *postear*, promocionar el producto o servicio y llamar a la acción.

Llamar a la acción es muy importante, ya que es la invitación de manera formal o informal a dar *like* a alguna foto o video, compartir por medio de *repost*, suscribirse o comenzar a seguir, dejar comentarios, llamar por teléfono, enviar correos, solicitar algún cupón de descuento o incluso comprar directamente un producto o servicio.

La garantía del éxito está en la claridad y transparencia con la que se trabaja

Marca personal o empresarial

Definir la marca personal o empresarial —para identificarse o distinguirse ante las demás—, crear un estilo original en tu pronunciación como *Social Media Manager* para hacer bien el trabajo de *Influencer*. Esta marca debe llevar un nombre, logo, selección de colores, de forma imponente, fácil y sencilla de reconocer y recordar, para que la personas conecten de forma práctica con ella.

La marca empresarial te abre puertas hacia empresas más grandes, mientras que la personal será un poco más limitada a la hora de facturar. Tener paciencia, ser contante y mantener la persistencia para romper el silencio, salir de la oscuridad y hacerte notar pronunciado como *Social Media Manager* y hacer bien el trabajo de *Influencer*, resaltando siempre lo que te hace **ser y hacer** diferente de los demás.

Aprende de los errores, no tengas miedo al qué dirán, las personas nunca se quedarán calladas. Darán de igual forma -negativa o positiva- su opinión. Confía en ti y ponte a crear contenidos para ofrecer tus servicios de la mejor manera. Ofrece calidad y velocidad o resultados garantizados, siempre enfocado en tu cliente y en los clientes de tu cliente, y no en lo bueno que eres tú.

Manejarte de forma profesional

Tu pronunciación debe crear un dominio en la Web, mantener constancia y credibilidad, y ofrecer resultados positivos a los clientes.

Manejar una página web es cosa fácil hoy en día, pero lo que debemos trabajar es posicionarla y hacer que facture lo suficiente. Existen diferentes maneras de crear un nombre único que te identifique en la Web. Entre ellos, te menciono algunos de los tantos que encontrarás para registrar tu página: .com, .net, .org, .co, .biz, .tv, .tech, .at, .us, .digital.

Como *Social Media Manager* o *Influencer* debes contar con presencia en las redes sociales, manejarte con los *e-mails* y con un dominio web.

Hay diferentes maneras de crear una página web, pero puedes empezar por investigar si tu nombre personal o empresarial está disponible chequeando en internet con *namechk.com*, sitio que también ofrece la oportunidad de verificar la disponibilidad de nombres en las redes sociales.

Ya sabes que tu presencia en internet y en las redes sociales como un pronunciado debe ser tu tarjeta de presentación, pero no trates de usar todas las redes ya que existen muchas, enfócate en la que se adapte a tu producto o servicio de forma más activa y, con ella, conecta con el público alcanzado, creando contenido constantemente donde ofrezcas tus servicios y los de tus clientes.

Que tu perfil personal o empresarial sea de fácil acceso, ya que siempre querrán saber quién eres y de dónde vienes, igualmente deja tu información de contacto: teléfono, *e-mail*. Cómo contactarte siempre debe ser una opción en todas las páginas web. Dentro de la misma debes mantener un blog para que el contenido te ayude a posicionarte o a posicionar tu marca personal o empresarial, manteniéndolo constantemente actualizado y en el que puedas compartir trabajo audiovisual, textos y fotografías. Es importante siempre hacer un llamado a la acción, bien sea de consumir lo que promueves o de registrarse en tu página web y por último dejar el enlace a tus redes sociales.

Menos es más en tu sitio web, ya que debe ser sencillo y cómodo de navegar, con información como un blog, la idea principal de la página, por qué y para qué, los servicios ofrecidos, formas de contacto y redes sociales.

Nombre, producto y lugar, son indispensables en una página web. Menos es más. No nos compliquemos mucho a la hora de crear nuestra página. Toma en cuenta que el .net, .es y el .com son los más comunes a la hora de buscar. Piensa como cliente para decidir que nombre usarás de forma personal o profesional, que sea fácil y práctico de pronunciar y recordar. Las imágenes que utilices que sean de buena resolución más una frase que atrape al cliente dejando en su mente tu nombre personal o empresarial de la Web.

Al inicio de la página debe aparecer qué haces y qué te caracteriza en lo que haces, más la imagen representativa, el logo y el equipo de trabajo, ya que no es una página anónima la que se manejará.

Existen diferentes tipos de sitios web, desde personales hasta empresariales, solo está en ti saber crear tu propia página y llenarla con información relevante:

1. Aquello que sea tu pronunciación personal o empresarial.
2. Producto o servicio a ofertar.
3. Cómo contactarte.
4. Manejar fotos de alta calidad, igual que el contenido audio visual.
5. Publicar mensajes claros y no muy extensos.
6. Menos es más.
7. Hacer llamados a la acción: que se registren en ella, que conozcan de ti, que consuman tus productos o servicios.
8. Mantener una conexión contante con la audiencia y dejarles saber que hay un ser humano detrás de la página web.
9. Dejar ver el formulario de registro o afiliación de forma práctica.
10. Ser puntual y especificar de manera clara lo que se ofrece.
11. Publicar videos educativos y referenciales sobre lo que ofreces.

12. Dejar espacio para mensaje de consumidores activos, así ellos pueden dar sus testimonios.

13. Publicar de manera visible los medios de contacto: teléfono, perfil social, *e-mail*. Esta información debe estar disponible y ser visible sin que falte en ninguna página web.

14. Que sea fácil y práctica de manejar, tanto para el Administrador como para los futuros usuarios.

15. La página web de un *Social Media Manager* o un *Influencer* debe ser: educativa, fácil para lograr relacionarse con el público alcanzado, llevar los prospectos hacia las redes sociales desde el sitio web y convertirlos en clientes para promocionar y vender tus productos o servicios, para de este modo lograr pronunciarse y facturar.

16. Llevar seguimiento constante de los clientes y los nuevos prospectos.

Un dominio *.com* y las redes sociales

Las redes sociales son una comunidad social donde interactuamos con amigos y familiares con algunos intereses comunes, rompiendo fronteras y llegando en tiempo real mucho más lejos de donde nos encontramos físicamente para comunicarnos e intercambiar información que debemos usar diariamente para crear contenido, y es aquí donde se aglomera el mayor numero de personas cuando estamos pronunciados en ellas. Tu enfoque debe ser hacer llamados a la acción: "IR A TU PÁGINA WEB", ya que a través de ella vas a concretar tus ventas.

Usa tus redes como el canal que conduzca a tu sitio web, el cual debe ser apto para vender tus productos o servicios.

Llevar tráfico a tu página web

Puedes ofrecer un regalo o mantener una buena oferta, siempre a cambio del registro de la persona en la misma página web donde debe dejar su nombre e *e-mail*, ya que esta será un prospecto que llevarás a ser cliente. Ofrece solucionar una situación de forma fácil, práctica y segura, siempre que esté relacionado con tu producto o servicio. Esa es la mejor manera de hacer un llamado a la acción que será la de registrarse en la página y consumir lo ofertado dentro de ella.

Por ejemplo, puedes ofrecer:

1. *Webinars* gratis.
2. Retos de 9 a 12 días.
3. *Giveaways.*
4. Una consulta o evaluación de situaciones gratis.
5. Una publicidad gratis.
6. Dejar saber por qué los negocios, hoy en día, necesitan su presencia en internet.
7. Guías de contenidos sobre redes sociales y su manejo.
8. Videos de personas ya pronunciadas.
9. Dar ejemplos de éxitos de grandes empresarios pronunciados.

La idea es crear un plan de acceso a tu página web que maneje un buen tráfico de usuarios para luego hacer la conversión de prospectos a clientes.

Para tus videos publicitaros necesitas:

1. Conocer el público que manejas.
2. Conocer el mercado en el que se mueve tu producto o servicio, o el de alguien más.
3. Conocerte a ti mismo. Lo cual te dará valor al manejar tus videos promocionales.
4. Conocer las características de lo ofertado y el beneficio de su consumo.
5. Tener claras las metas.
6. Definir por qué y para qué el video publicitario: dirigir tráfico, impulsar ventas, aumentar el compromiso con el o los clientes, dar a conocer alguna marca personal o empresarial, o si es simplemente educativo.

7. Elegir qué le dará forma y estilo al video, haciéndote determinar qué hacer y qué decir de manera sencilla y práctica. Ejemplos:

   -Un video introductorio te dará a conocer ante el público dejando saber quién eres, qué misión tienes y mucho más de ti.

   -Explicativo. Explicar cómo funciona algo.

   -Educativo. Informar al público sobre algo especifico.

   -Entretenido. Humor para entretener a la audiencia.

8. Establece el vestuario, la locación, la iluminación, el tono de voz y manéjate con un guion. Ejemplos:

   -Dramático, para crear emociones y transmitir el mensaje.

   -Informativo, para dar un mensaje claro y conciso de lo que se quiere promocionar.

   -Creatividad inspiradora, para conducir o dirigir al público a tomar acción.

   -Lujo, brillantes, joyas preciosas, carros lujosos, cadenas hoteleras de gran escala impactan, pero atrapa a tu público con la verdadera esencia que hay dentro de ti

9. Dependiendo de la red a usar, definir la duración de los videos.

10. Definir el estilo. Ejemplos:

    -Realista, dar a conocer historias de personas populares o personas sin pronunciación personal pero que son emprendedoras en las redes sociales.

    -Animado, para hacer sonreír y llevar la publicidad al mismo tiempo.

    -Guía en papel bond o pizarra, para dar charlas y, a su vez, ir dando ejemplos por escrito o con dibujos.

11. Detalles o esquemas de ideas para los guiones y videos.

    -En este punto se definirá el grupo de personas que estará presente en el trabajo audiovisual, lo que dirá cada quien y su locación, siempre guiando hacia lo pronunciado, al llamado a la acción del producto o servicio a ofrecer en su mensaje. Acción, diálogo, sonido, ángulo de la cámara, personaje, escenas, movimientos entre otros

12. Contar con un grupo de trabajo que te apoye en todo momento en la producción de tus proyectos

Enfócate donde está el cliente para no perder tiempo, esfuerzo, ni dinero. Maneja tu sitio web de forma profesional, constante y activa para que sea a través del mismo que concretes tus ventas. Sé que todos nosotros lo primero que manejamos son las redes, pero un pronunciado debe enfocarse en su página web y luego aprender a trabajar la publicidad en Facebook, ya que es la red número uno, en segundo lugar está Instagram, y en tercer lugar YouTube para promover los productos o servicios.

Metas en tus redes sociales

1. Dar a conocer tu pronunciación.
2. Posicionar tu marca personal o empresarial.
3. Conducir el tráfico de personas a tu sitio web.
4. Crear una buena audiencia interesada en tu pronunciación.
5. Dar credibilidad y confianza.
6. Crear una lista de prospectos que saldrá desde tus redes.
7. Promover y vender lo es todo.
8. Interactuar contantemente con el público alcanzado.
9. Aplicar todas las anteriores y otras que se te ocurran.

Mantener la constancia tomando en cuenta la importancia de lo visual: colores, logo, trabajo audiovisual, fotografías de alta calidad y mensajes claros, y siempre, hacer un llamado a la acción de forma profesional o empresarial, para ser un *Social Media Manager* y hacer bien el trabajo de *Influencer,* con un estilo único y original.

Una vez que comiences, acostumbra a tu audiencia a una hora especifica para realizar tus publicaciones y que tengan la oportunidad de interactuar de forma dinámica contigo, para irlos encaminando —al mismo tiempo— en el logro de tus metas y objetivos.

Ser ordenado y dejar todo por escrito, desde la planificación publicitaria hasta las contraseñas de acceso. Puedes crear un documento con información básica para cada cliente donde vayas anexando en él los trabajos a realizar y los logros. Llevar un reporte te ayudará a evaluar y analizar lo que más conectó con el público y lo que no.

1. Crear y llenar un documento de mutuo acuerdo con el cliente.

2. Abrir una carpeta a cada cliente donde tengas acceso a los datos básicos de la persona, sus redes y lo que desea lograr con la pronunciación.

3. Enseñar al cliente las publicaciones y el manejo de las mismas. Tú serás un *Social Media Manager* y harás bien tu trabajo como *Influencer,* pero siempre debes involucrar a tus clientes.

4. Encontrar tus clientes es saber identificar que negocios necesitan de tus servicios y presentarles una propuesta por escrito donde les dejes saber lo que pueden mejorar y lo que pueden lograr con su presencia en las redes sociales.

5. Enfócate en los pequeños y medianos negocios que puedas entender y que te lleguen a gustar.

6. Verificar la presencia que tenga el negocio en las redes sociales antes de tomarlo como cliente, esto te ayudará a tener una visión más clara de lo que podrán trabajar.

7. Revisar la competencia.

8. Crear estrategia para las redes sociales. Manejar una buena estrategia para que el cliente vea resultados positivos de tu trabajo realizado.

9. Llevar análisis de los resultados con todas las estrategias implementadas, así tendrás una visión general para saber cuál mejorar y qué método seguir usando con tu cliente.

Los clientes pueden ser: autores, conferencistas, hoteles, restaurantes, bares, fotógrafos, músicos, artistas, entre otros, personales o empresariales. Hacer una lista con los posibles negocios que deseas trabajar te dará creatividad y motivación para moverte hasta donde estén esos negocios, presentarles un mínimo de 10 consejos cortos y prácticos de lo que tú puedes ayudarles a lograr con las redes sociales y crear estrategias publicitarias según sea su concepto.

Tu enfoque como *Social Media Manager* y hacer bien tu trabajo como *Influencer* debe ser:

1. Crear y establecer una relación con tus seguidores, conectar con el público y que se sientan confiados con tu pronunciación.

2. Interacción contante.

3. Crear lealtad con tus seguidores, donde te vean comprometido y se sientan identificados sentimentalmente con tus pasos a dar.

4. Que muevas sus sentimientos en el momento que no te vean.

5. Que se interesen con lo que dices, haces y, sobre todo, con lo que ofertas.

6. Que se sientan inspirados por ti.

7. Vender lo que estas ofertando.

8. Lograr que se entretengan y disfruten de tu personalidad y contenido.

9. Aprender y emprender mucho más.

Crear contenido lo es todo

Si no estás creando contenido para tus redes contantemente no pasará lo que tiene que pasar, ya que dentro de tu contenido está la información que quieres dar a conocer y hacer tu llamado a la acción, vender, comprar y crecer. Con tu contenido acercas o alejas, por esa razón te digo que el contenido lo es todo y por eso debes saber dónde quieres llegar de manera personal o empresarial para empezar a crear.

Acostumbrar a la audiencia a ti, que sienta la necesidad de verte día a día y de ver tus ofertas presentadas en cada plan de contenido que manejes, bien sea personal o empresarial. Recuerda que conectar es mover con sentimientos a tus seguidores.

Donde esté la oferta y la demanda debe estar tu pronunciación haciendo mercadeo, para darte a conocer y que conozcan lo que tienes para ofrecer. Creando una buena relación llena de confianza para que tomen acción con tu producto o servicio.

Publica fotografías, textos y trabajo audio visual que involucre los sentidos de las personas.

Trabajar el contenido con tus clientes te lleva a conocer un poco más de lo que él quiere lograr y en qué espacio lo quiere lograr. No siempre lo sabemos todo, pero debemos prepararnos para saber lo que no sabemos. Las reuniones con tus clientes son el mejor lugar para tomar ideas y crear contenido.

Ejemplo de un contenido publicitario es donde se muestra tu cliente, el negocio y el producto o servicio que ofrece, nombre del mismo, dirección, medio de contactos, redes sociales, *e-mail*, teléfonos. El llamado a la acción no puede faltar en cada paso dado dentro o fuera de las redes sociales.

Facebook para un pronunciado

En lo personal o empresarial, Facebook sigue siendo la red más activa para llegar a una población mayor, dándonos la oportunidad de publicar fotos, videos, enlaces con sitio web acompañados de textos; también nos ofrece hacer videos en vivo, puede ser personal o empresarial, y nos presta herramientas que nos permiten avanzar en tiempo real para llegar más lejos de lo que podemos pensar. Permite buscar el crecimiento y expandir nuestro producto o servicio.

Crecer es mercadeo y mercadeo es vender.

Facebook no solo nos deja llegar a una mayor población, sino que en su administración podemos llevar seguimiento de las personas alcanzadas a través de las estadísticas, me gustan (*likes*), comentarios y la bandeja de mensaje privada. También permite ver donde se encuentra el público alcanzado, su edad y sexo, y brinda la oportunidad de que los mismos seguidores compartan lo publicado (*repost*) para de esta manera ir aumentando tus seguidores.

Pasos que debes seguir:

1. Planificar tu presencia en Facebook.
2. Tomar acción con tus contenidos de forma diaria.
3. Ser constante y tener buenas estrategias de enganche.
4. Tener un buen enfoque en tus metas y objetivos a alcanzar.
5. Vender lo es todo y todo es vender.
6. Hacer una evaluación de los prospectos, clientes y público en general.
7. Familiarizar a los seguidores con tu producto o servicio.
8. Monetizar las redes, usuarios, prospectos y clientes.

En un perfil empresarial

Definir el nombre, asociado con tus demás redes sociales y a la vez con el sitio web. Las imágenes son clave junto a su texto sin errores ortográficos, el material audiovisual no debe ser muy extenso y debe llevar claro el mensaje que se desea trasmitir. La información de tu página es tu currículo de presentación. Debes responder siempre con la mejor energía y educación, el público lo es todo ya que serán los consumidores de tu producto o servicio.

Maneja información clara y precisa de tu negocio, fácil de recordar y a la vez de buscar. Maneja los enlaces de captura de clientes, Facebook ofrece la opción de *e-mail*, teléfono, dirección y sitio web.

Siendo Facebook muy cuidadoso para manejar y administrar de forma profesional nuestro perfil, nos ofrece la oportunidad de limitar quién puede, o no, publicar en nuestra cuenta de negocios, las personas por sexo y edad, las publicaciones de palabras ofensivas y hasta limitar ciertos países si es necesario.

La foto de portada es diferente a la foto de perfil. En una puede ser el logo o una foto personal con el nombre del negocio, y la otra los productos o servicios a ofrecer.

Asegúrate de solicitarle a Facebook el enlace único, este es el nombre que tendrá tu cuenta de negocio. Es muy fácil y rápido de solicitar.

Una vez que creas la misma, vas al menú, a información, editar nombre, luego del arroba colocas el nombre, y luego aceptas y listo. Esto te asegura tener el nombre de tu producto o servicio.

Llamado a la acción con el contenido

Es algo que debes tener en cuenta en cada publicación que vayas a publicar en tu perfil de Facebook a través de anuncios publicitarios, enlaces, textos, fotos y videos. El contenido lo es todo, y todo es contenido para un *Social Media Manager* o *Influencer*. Crea tu contenido dejando saber siempre sobre tu producto o servicio a ofrecer, pero hazlo de manera educativa, informando y entreteniendo a la vez y así atraerás al público y los inspirarás a consumir lo ofrecido.

Ten en cuenta que para crear tus contenidos debes definir el tema y el formato, trabajar tus publicaciones bajo calendario y educar a tu público en horas específicas de publicación.

La creatividad juega un gran papel. Tener metas y objetivos claros de lo que quieres lograr es igual a tomar acción para crear y publicar, recuerda que trabajar bajo un calendario de publicaciones es mejor. Los videos son los más vistos y logran un mayor alcance y una mejor interacción, al contrario de las fotos con texto, el cual no debe ser muy extenso.

Regla de oro: usa en tus textos los puntos, deja buenos espacios entre textos y haz uso de los signos de interrogación y exclamación.

Tus publicaciones deben ser: 50% publicitarias en lo personal o empresarial, y el otro 50% en promociones directas para la venta. Manejar los *hashtags*, responder a los mensajes, compartir e interactuar con los seguidores es mantenerlos atentos a tus próximas publicaciones, ser agradecido es darle "me gusta" a los comentarios. La consistencia es muy importante.

Facebook nos permite hacer anuncios publicitarios. Podemos lograr nuestros objetivos como *Social Media Manager* y hacer bien nuestro trabajo como *Influencer* siendo bien creativos y formando una buena campaña.

Recuerda que el éxito solo depende de aquél que va detrás de sus sueños y se pronuncia rompiendo el silencio, saliendo de la oscuridad y haciéndose notar.✻

Pronúnciate